T0294292

PARA ESTAR BIEN

El libro del

PERDÓN

El libro del
PERDÓN

El camino de sanación
para nosotros *y* nuestro mundo

DESMOND TUTU
y MPHO TUTU

Editado por Douglas C. Abrams

OCEANO

Los nombres de algunas personas se han cambiado en este libro
(tal como se indica en el texto) a fin de proteger su privacidad.

EL LIBRO DEL PERDÓN
El camino de sanación para nosotros y nuestro mundo

Título original: THE BOOK OF FORGIVING.
        The Fourfold Path for Healing Ourselves and Our World

© 2014, Desmond M. Tutu y Mpho A. Tutu

Traducción: Enrique Mercado

Imagen de portada: Marc Burckhardt
Diseño de portada: Claudine Mansour
Fotografía de los autores: Oryx Media 2013

D. R. © 2024, Editorial Océano de México, S.A. de C.V.
Guillermo Barroso 17-5, Col. Industrial Las Armas,
Tlalnepantla de Baz, 54080, Estado de México
info@oceano.com.mx

Segunda edición (primera reimpresión): abril, 2024

ISBN: 978-607-557-409-7

Hecho en México / Printed in Mexico

A Angela
Te extrañamos

Índice

Introducción
Hacia la recuperación

"**É**l tenía numerosas heridas." La mujer hablaba con la exactitud de un detective. "Cinco en la parte superior del abdomen. Estas heridas indicaban que se le apuñaló con armas diferentes, o que lo hizo un grupo de personas", continuó la señora Mhlawuli en su desgarrador testimonio ante la Comisión de la Verdad y la Reconciliación (CVR) sobre la desaparición y muerte de su esposo, Sicelo. "También tenía heridas en la parte inferior del abdomen, hasta sumar cuarenta y tres. Le echaron ácido en la cara. Le cortaron la mano derecha justo bajo la muñeca. No sé qué hicieron con ella." Yo sentí náuseas y horror.

Llegó entonces el turno de Babalwa, de diecinueve años de edad. Ella tenía ocho cuando murió su padre, y su hermano tres. Describió la aflicción, el hostigamiento de la policía y las penurias de los años transcurridos desde la muerte de su progenitor. Aseguró: "A mi hermano y a mí nos gustaría saber quién lo mató". Lo que dijo después me dejó sin aliento: "Queremos perdonarlo. Queremos perdonar, pero no sabemos a quién".

Como presidente de la Comisión de la Verdad y la Reconciliación, muchas veces me preguntaron cómo era posible que el pueblo de Sudáfrica haya perdonado las atrocidades e injusticias que sufrió durante el *apartheid*. Nuestro trayecto fue ciertamente largo y peligroso.

Hoy es difícil creer que, hasta nuestra primera elección democrática, en 1994, el nuestro fue un país que institucionalizó el racismo, la desigualdad y la opresión. En la Sudáfrica del *apartheid* sólo los blancos podían votar, recibir una educación de calidad y esperar progreso y oportunidades. Hubo décadas de protesta y violencia. En nuestra larga marcha a la libertad se derramó mucha sangre. Cuando, por fin, nuestros líderes salieron de la cárcel, se temió que nuestra transición a la democracia se convirtiera en un baño de sangre de venganza y represalias. Milagrosamente, elegimos otro futuro. Elegimos el perdón. En ese tiempo, sabíamos que decir la verdad y recuperar nuestra historia era la única manera de salvar a nuestro país de la destrucción. No sabíamos adónde nos llevaría esa decisión. Como todo crecimiento efectivo, el proceso en el que nos embarcamos en la CVR fue muy doloroso, pero también sumamente alentador.

Me han preguntado igualmente qué aprendí del perdón en esa experiencia, y en los muchos lugares de conflicto y sufrimiento que he visitado en mi vida, de Irlanda del Norte a Ruanda. Este libro es la respuesta a esa pregunta. Es también una respuesta a la interrogante implícita en aquélla: ¿cómo perdonar? Este libro está dirigido a quienes necesitan perdón, ya sea que quieran perdonar o ser perdonados.

Hay días en que quisiera poder borrar de mi mente todos los horrores que he presenciado. Las creativas formas en que los seres humanos podemos lastimarnos unos a otros parecen no tener fin, como tampoco las razones de que creamos justificado hacer eso. Pero la capacidad humana para sanar tampoco tiene fin. Cada uno de nosotros posee una aptitud innata para extraer felicidad del sufrimiento, hallar esperanza en las situaciones más difíciles y curar toda relación necesitada de ello.

Me gustaría compartir contigo dos simples verdades: no hay nada que no se pueda perdonar y no hay nadie que no merezca perdón. Cuando seas capaz de entender que todos estamos entrelazados —sea por nacimiento, circunstancias o nuestra humanidad compartida—, sabrás que aquello es cierto. Yo acostumbro repetir que en Sudáfrica no habría habido futuro sin perdón. Nuestra furia y sed de venganza habrían sido nuestra ruina. Esto es tan cierto para nosotros en particular como para la raza humana en general.

Todos y cada uno de nosotros hemos tenido que perdonar alguna vez. También hemos tenido que ser perdonados. Y ambas cosas se repetirán mucho en el futuro. A nuestro modo, todos estamos heridos. Y por eso lastimamos a los demás. El perdón es un viaje a la curación de nuestras heridas. La forma en que volvemos a sanar.

Sea con el torturador que me atormentó brutalmente, la pareja que me traicionó, el jefe que me ignoró en un ascenso o el automovilista que se me cerró en mi trayecto matutino al trabajo, enfrento la misma disyuntiva: perdonar o buscar venganza. Enfrentamos la disyuntiva de perdonar o no como individuos, familias, comunidades y un mundo estrechamente interconectado.

La calidad de la vida humana en nuestro planeta no es otra cosa que la suma total de nuestras interacciones diarias. Cada vez que ayudamos, y cada vez que perjudicamos, ejercemos un impacto drástico en nuestro mundo. Dado que somos humanos, algunas de nuestras interacciones marcharán mal, y entonces lastimaremos o seremos lastimados, o ambas cosas. Así es nuestra naturaleza, y eso es inevitable. El perdón es la forma en que corregimos esas interacciones. En que reparamos el tejido social. En que impedimos que la comunidad humana se desmadeje.

Incontables estudios enumeran los beneficios sociales, espirituales, psicológicos y hasta fisiológicos del perdón. El proceso real del perdón, sin embargo, suele quedar en el misterio. Sí, es bueno y provechoso olvidar el rencor, pero ¿cómo olvidarlo cuando hemos sufrido? Desde luego que es preferible no tomar represalias, pero ¿cómo renunciar a ellas cuando lo que nos quitaron es irrecuperable? ¿Y acaso es posible perdonar y seguir insistiendo en que se haga justicia? ¿Qué pasos debemos dar para alcanzar el perdón? ¿Cómo llenar todos los vacíos de nuestro corazón derivados del hecho de que somos tan frágiles criaturas?

El camino del perdón no es fácil. En él debemos atravesar los pantanos del odio y la ira, y abrirnos paso a través del dolor y la pérdida para hallar la aceptación, marca distintiva del perdón. Este viaje sería mucho más fácil si la ruta estuviera claramente delimitada, pero no es así. Tampoco resulta claro el límite entre quienes han hecho y recibido daño. En un momento dado, todos sufrimos dolor, y al siguiente infligimos dolor. Y luego estamos a caballo entre ambas circunstancias, llenos de pena y de furia. Todos cruzamos a menudo esa línea. Cualquiera que sea tu situación, hayas hecho lo que hayas hecho y te hayan hecho lo que te hayan hecho, nosotros esperamos que este libro te ayude.

Juntos exploraremos cada aspecto del camino cuádruple del perdón: contar la historia, nombrar la pena, conceder perdón y renovar o terminar la relación. Te invitamos a que nos acompañes en este viaje curativo y transformador, sea que te cueste trabajo dejar atrás el mal que te hicieron o que necesites valor para admitir el que hiciste. El perdón no es otra cosa que la manera en que salvamos al mundo. Salvamos al mundo curando nuestro corazón. Es un proceso simple, pero no fácil.

He escrito este libro junto con mi hija, Mpho, colega en el sacerdocio. Ella ha trabajado intensamente con feligreses y peregrinos en su búsqueda de perdón y redención. Actualmente cursa un doctorado sobre el tema del perdón, de manera que aportó muchos conocimientos a este proyecto común. También aportó la historia de su trayecto por el camino cuádruple, y contó sus dificultades para comprender y perdonar.

Este libro es una invitación a que recorras con nosotros la senda del perdón. En él relataremos nuestra historia personal, así como las de otros que nos han inspirado, y lo que hemos aprendido acerca del proceso del perdón. Nosotros hemos comprobado que este proceso transforma situaciones y restaura lazos entre familiares, amigos, desconocidos y enemigos por igual. Lo hemos visto quitar el veneno de los pequeños desaires diarios que por descuido nos infligimos unos a otros, y curar a resultas de los actos de crueldad más brutales que quepa imaginar. Estamos convencidos de que nadie es irredimible ni ninguna situación irreparable, y de que no hay crimen que no se pueda perdonar.

Si lo que quieres es perdonar, confiamos en poder señalarte el camino a la libertad. Te enseñaremos cómo librarte del control que el perpetrador ejerce sobre ti, y cómo despojarte de las cortantes cadenas del rencor y la ira que te mantienen atado a tu experiencia.

Si necesitas perdón, confiamos en que este libro te muestre un camino claro para deshacerte de las cadenas del pasado y ayudarte a seguir adelante. Cuando comprobamos que hemos causado daño y angustia, cuando pedimos perdón y reparamos nuestros errores, cuando perdonamos y restauramos nuestras relaciones, volvemos a nuestra naturaleza inherente.

Nuestra naturaleza es buena. Sí, hacemos muchas cosas malas, pero nuestra naturaleza esencial es buena. Si no fuera así, perjudicar a otros no nos sacudiría ni consternaría. Cuando alguien hace algo espantoso, se le cita en las noticias porque es la excepción de la regla. Vivimos en medio de tanto amor, bondad y confianza que olvidamos lo extraordinario que es esto. El perdón es la manera en que recuperamos lo que nos quitaron y restauramos el amor, bondad y confianza perdidos. Cada acto de perdón, sea grande o pequeño, nos permite sanar. El perdón no es sino la forma en que nos procuramos paz a nosotros mismos y al mundo.

El libro del perdón se dirige principalmente a quienes deben perdonar. Esto es así porque incluso quienes necesitan perdón deben perdonar a su vez el daño que se les ha infligido. De lo que se trata no es de excusar o justificar nuestros actos, sino de reconocer el daño que pasa de mano en mano y de una generación a otra. Nadie nace criminal; nadie nace cruel. Todos nacemos buenos, pero esta bondad puede ser destruida fácilmente.

Los sudafricanos decidimos buscar el perdón más que la venganza. Esta decisión impidió un baño de sangre. Toda injusticia nos pone frente a un dilema. Como ya dijimos, puedes elegir el perdón o la venganza, aunque esta última siempre es costosa. Elegir el perdón antes que las represalias te convierte a la larga en una persona más fuerte y más libre. A quienes optan por perdonar, la paz los alcanza siempre. Mpho y yo hemos visto los efectos de beber el amargo veneno del rencor y la ira —cómo éstos corroen y destruyen desde dentro—, pero también el modo en que el dulce bálsamo del perdón alivia y transforma hasta las situaciones más virulentas. Por eso podemos afirmar que hay esperanza.

La senda del perdón no se emprende alegremente, ni se recorre sin temor de que las cosas no salgan como se planeó. El perdón es una conversación y, como las conversaciones más importantes, necesita un lenguaje claro, honesto y sincero. Este libro te ayudará a aprender el lenguaje del perdón. A lo largo del camino ofreceremos meditaciones, ejercicios y rituales para guiarte y ayudarte en tu marcha. Esperamos que algunos de estos ejercicios te brinden alivio y consuelo y te inspiren compasión. Suponemos que otros te desafiarán.

Abusaríamos de tu buena fe si no te dijéramos que, como en el caso de toda conversación, el resultado del proceso del perdón no puede saberse de antemano. Este libro no es un curalotodo, una panacea. Pero confiamos en que estas páginas te guíen al resultado que buscas. Que en ellas adquieras las habilidades y disposición de ánimo que necesitas para reparar tus relaciones y contribuir en forma importante a reparar el mundo.

En Sudáfrica, *Ubuntu* es la manera de dar sentido al mundo. Este término significa literalmente "humanidad". Se trata de la filosofía y creencia de que una persona lo es sólo gracias a quienes la rodean. En otras palabras, somos seres humanos sólo en relación con los demás. Nuestra humanidad nos une, y toda rasgadura en la tela que nos enlaza ha de remendarse para que podamos volver a ser uno. Esta interconexión está en la raíz misma de lo que somos.

Recorrer la senda del perdón es reconocer que tus malas obras te dañan tanto como a mí. Recorrer la senda del perdón es reconocer que mi dignidad está unida a la tuya, y que cada mala acción nos lastima a todos.

Pero aun reconociendo nuestra interconexión, el perdón puede ser un camino difícil de atravesar. Algunos días parecerá que por cada paso al frente damos dos atrás. Pero éste es un viaje. Y antes de comenzar todo viaje, largo o corto, debe haber disposición a dar ese primer paso tentativo. Un proverbio gaélico sostiene que "Nada es fácil para el renuente". Sin buena disposición, este viaje será imposible. Antes de la compasión está la disposición a sentirla. Antes de la transformación debe creerse que ella es posible, y haber disposición a experimentarla. Antes del perdón debe haber disposición a considerarlo.

Haremos contigo este viaje. Aun si crees imposible perdonar o que lo que has hecho es tan atroz que jamás se te perdonará, caminaremos a tu lado. Si dudas que tu situación pueda transformarse, te invitamos a hacer la prueba. Si no tienes esperanza, la culpa te ha paralizado, la aflicción te ahoga o estás lleno de ira, te invitamos a que nos acompañes. Haremos contigo este trayecto porque creemos que te brindará gracia y transformación. Y te invitamos a hacer este viaje con nosotros no porque sea fácil sino porque, al final, la senda del perdón es la única que vale la pena seguir.

PLEGARIA ANTES DE LA PLEGARIA

Quiero estar dispuesto a perdonar,
pero no me atrevo a pedir la voluntad de hacerlo,
porque podría ser que tú me la dieras
sin que yo esté listo todavía.
Sin que esté listo para ablandar mi corazón,
sin que esté listo para volver a ser vulnerable,
sin que esté listo para ver que hay humanidad en los ojos de mi torturador
o que quien me lastimó también ha llorado, quizá.
Sin que esté listo para el viaje,
sin que me interese el camino.
Estoy en la plegaria antes de la plegaria del perdón.
Concédeme la voluntad de perdonar,
aún no, pero pronto.
¿Podré formar siquiera la palabra
"Perdóname"?
¿Me atreveré siquiera a mirar?
¿Me atreveré a ver el dolor que he causado?
Miro las piezas dispersas de esa cosa frágil,
de esa alma que trata de elevarse en las alas rotas de la esperanza,
pero sólo con el rabillo del ojo,
porque temo.
Y si temo ver,
¿cómo no he de temer decir
"Perdóname"?
¿Hay un lugar donde podamos encontrarnos?
Tú y yo.
El sitio intermedio,
la tierra de nadie

sobre cuyas líneas nos sentemos a horcajadas.
Donde tú tengas razón
y yo también,
y ambos estemos equivocados y chasqueados.
¿Podemos reunirnos ahí?
Y buscar el lugar donde el camino empieza,
el camino que termina cuando perdonamos.

PROVISIONES DE VIAJE

Todos los viajes requieren provisiones. En éste necesitarás dos objetos para tu curación:

Consigue un diario para hacer los ejercicios por escrito que se te sugerirán en cada capítulo. Ése será tu "libro del perdón" personal. Puede ser una libreta común y corriente o un diario exclusivo para esta tarea. Sólo tú leerás ese diario, y en él deberías sentirte en libertad de registrar todos tus pensamientos, emociones, ideas y progresos en el camino cuádruple.

Busca una piedra de tu gusto. Bonita o fea, ni chica ni grande. Un poco pesada. Tan pequeña que quepa en la palma de tu mano y tan grande que no sea fácil que la pierdas. Registra en tu diario dónde la encontraste y qué fue lo que te atrajo de ella.

Bienvenido. Has iniciado el camino cuádruple.

PARTE 1

Comprender el perdón

1 ¿Por qué perdonar?

De chico, **muchas noches asistí** impotente a los abusos verbales y físicos que mi padre infligía a mi madre. Aún recuerdo el olor a alcohol, veo el miedo en los ojos de mi madre y siento la irremediable desesperación que se experimenta al ver a nuestros seres queridos lastimarse de manera incomprensible. No le deseo esto a nadie, mucho menos a un niño. Cuando me detengo en esos recuerdos, me dan ganas de lastimar en respuesta a mi padre, como él lo hacía con mi madre y en formas ajenas a un niño. Miro la cara de mi madre y veo a ese noble ser al que tanto quería y que no hizo nada para merecer el dolor que se le propinaba.

Cuando recuerdo esta historia, me doy cuenta de lo difícil que es el proceso del perdón. Racionalmente, sé que mi padre hacía sufrir porque sufría. Espiritualmente, sé que mi fe me dice que mi padre merece ser perdonado, como Dios nos perdona a todos. Pero aun así me cuesta trabajo hacerlo. Los traumas que hemos presenciado o experimentado perviven en nuestra memoria. Aun años después pueden causarnos nuevo dolor cada vez que los recordamos.

¿Te han hecho daño y sufres? ¿Se trata de un agravio nuevo o de una vieja herida que no ha sanado aún? Debes estar cierto de que lo que te hicieron fue malo, injusto e inmerecido. Así que tienes razón de estar indignado. Y es de lo más normal que quieras herir cuando has sido herido. Pero es raro que devolver el golpe te brinde una satisfacción. Todos creemos que así será, pero nos equivocamos. Abofetearte después de que tú lo has hecho conmigo no hace que me deje de arder la cara, ni reduce la tristeza que me causa que me hayas golpeado. En el mejor de los casos, las represalias sólo dan a nuestro dolor un respiro momentáneo. Mientras seamos incapaces de perdonar, seguiremos atrapados en nuestro dolor, sin posibilidad de experimentar curación y libertad y sin posibilidad de estar en paz.

Sin perdón, seguiremos atados a quien nos hizo daño. Apresados por cadenas de amargura, amarrados, atrapados. Mientras no podamos perdonar a quien nos perjudicó, esa persona tendrá las llaves de nuestra felicidad: será nuestro carcelero. Cuando perdonamos, recuperamos el control de nuestro destino y nuestros sentimientos. Somos nuestros liberadores. No perdonamos en beneficio del otro. No perdonamos por los demás. Perdonamos por nosotros mismos. En otras palabras, el perdón es la mejor expresión del interés propio. Esto es cierto desde el punto de vista espiritual tanto como científico.

La ciencia del perdón

En la última década se han multiplicado las investigaciones sobre el perdón. Mientras que antes este tema se dejaba a los religiosos, ahora, como disciplina académica, atrae la atención no sólo de filósofos y teólogos, sino también de psicólogos y médicos. Cientos de proyectos de investigación sobre el perdón existen hoy en día en universidades del mundo entero. La Campaign for Forgiveness Research (Campaña de Investigación sobre el Perdón), con financiamiento de la Templeton Foundation, tiene cuarenta y seis proyectos de investigación sobre el perdón.[1] Aun los neurocientíficos estudian la biología del perdón, y exploran las barreras evolutivas en el cerebro que estorban el acto de perdonar. Algunos indagan incluso la existencia de un gen del perdón en alguna parte de nuestro ADN.

Conforme la investigación moderna del perdón evoluciona, los hallazgos demuestran claramente que éste transforma a la gente mental, emocional, espiritual y aun físicamente. En *Forgive for Good: A Proven Prescription for Health and Happiness* (Perdonar por siempre: una receta probada para la salud y la felicidad), el psicólogo Fred Luskin escribe: "Rigurosos estudios científicos han demostrado que la educación del perdón reduce la depresión, aumenta el optimismo, disminuye la cólera, mejora la conexión espiritual [e] incrementa la seguridad emocional en uno mismo".[2] Éstos son sólo algunos de los muy reales y concretos beneficios psicológicos del perdón. Las investigaciones demuestran asimismo que las personas más indulgentes reportan menos problemas mentales y de salud y menos síntomas físicos de estrés.

A medida que documentan el poder curativo del perdón, cada vez más científicos examinan también los efectos mental y físicamente corrosivos de no perdonar. Aferrarse al rencor y la ira, vivir en un estado constante de estrés, puede dañar al corazón tanto como al espíritu. De hecho, las investigaciones indican que no perdonar puede ser un factor de riesgo de afecciones cardiacas, presión alta y muchas otras enfermedades crónicas relacionadas con el estrés.[3] Estudios médicos y psicológicos señalan asimismo que quienes se aferran al rencor y la ira presentan mayor riesgo de ansiedad, depresión e insomnio y tienen más probabilidades de sufrir presión alta, úlceras, migrañas, dolor de espalda, infartos y hasta cáncer. También lo contrario es cierto. El perdón genuino puede transformar esas dolencias. Al reducirse el estrés, la ansiedad y la depresión, lo mismo ocurre con los trastornos físicos asociados a ellos.

Los estudios seguirán midiendo el ritmo cardiaco, presión y longevidad de quienes perdonan y quienes no. Continuarán escribiéndose artículos en revistas especializadas, y al final la ciencia probará lo que la gente sabe desde hace milenios: que perdonar hace bien. Sus beneficios de salud son apenas el principio. Perdonar también te libera de todo trauma y privación que hayas experimentado y te permite reclamar tu vida como propia.

Sanar al todo

Lo que los campos médico y psicológico no pueden estudiar, cuantificar ni diseccionar bajo un microscopio es la estrecha vinculación que existe entre los seres humanos, y el impulso en cada uno de nosotros a vivir en armonía.

Quizá la ciencia esté empezando a reconocer lo que en África hemos sabido desde tiempo inmemorial: que somos interdependientes, aunque aún no puede explicar del todo la necesidad que tenemos unos de otros. La doctora Lisa Berkman, jefa del Department of Society, Human Development and Health (Departamento de Sociedad, Desarrollo Humano y Salud) de la Harvard School of Public Health, estudió a siete mil hombres y mujeres. Según sus hallazgos, las personas aisladas tienen tres veces más probabilidades de morir en forma prematura que las que cuentan con una red social fuerte. Pero a los investigadores les asombró más todavía que las personas que tienen un círculo social fuerte y un estilo de vida poco saludable (tabaquismo, obesidad y falta de ejercicio) viven más que las que tienen un círculo social débil y un estilo de vida sano.[4] En un artículo publicado en la revista *Science* se concluyó a su vez que la soledad es un factor de riesgo de enfermedades y muerte más agudo que el tabaquismo;[5] en otras palabras, que la soledad te puede matar más rápido que el cigarro. Los seres humanos estamos firmemente vinculados entre nosotros, lo admitamos o no. Necesitamos unos de otros. Así fue como evolucionamos, y nuestra supervivencia sigue dependiendo de ello.

Cuando somos indiferentes, cuando no tenemos compasión, cuando no perdonamos, inevitablemente pagaremos el precio. Pero no sólo sufriremos nosotros; también sufrirá nuestra comunidad, y en última instancia el mundo entero. Fuimos hechos para existir en una delicada red de interdependencias. Somos hermanas y hermanos, nos guste o no. Tratar a alguien como menos que humano, como menos que un hermano o hermana, sin que importe lo que haya hecho, es contravenir las leyes mismas de nuestra humanidad. Y quienes dañan la red de interconexiones no pueden escapar a las consecuencias de sus actos.

En mi propia familia, diferencias entre hermanos se han convertido en enemistades intergeneracionales. Cuando hermanos adultos se niegan a tratarse debido a una ofensa reciente o remota, sus hijos y nietos pueden verse privados de la dicha de estrechas relaciones familiares. Los hijos y nietos podrían no conocer nunca la causa de esa parálisis. Sólo saben que "No visitamos a esa tía" o "No conocemos a esos primos". El perdón entre los miembros de las generaciones mayores podría permitir relaciones sanas y comprensivas entre las generaciones jóvenes.

Si tu bienestar —tu salud física, emocional y mental— no te parece suficiente; si tu vida y tu futuro no te parecen suficientes, entonces podrías perdonar por el bien de aquellos a quienes amas, tu familia, la cual es invaluable para ti. Cólera y amargura te envenenan no sólo a ti; también envenenan tus relaciones, entre ellas las que sostienes con tus hijos.

La libertad del perdón

El perdón no depende de actos ajenos. Claro que es más fácil perdonar cuando el perpetrador expresa remordimiento y ofrece una suerte de reparación o indemnización. Tú sientes entonces como si se te retribuyera de algún modo. Podrías decir: "Estoy dispuesto a perdonarte por haberme robado mi pluma, aunque no lo haré hasta que me la devuelvas". Éste es el patrón de perdón más conocido. En esta modalidad, el perdón es algo que ofrecemos a otra persona, un regalo que le hacemos a alguien, pero un regalo condicionado.

El problema es que las condiciones que imponemos al regalo del perdón se convierten en cadenas que terminan atándonos a quien nos hizo daño. Y el perpetrador es quien tiene la llave de esas cadenas. Bien podemos fijar nuestras condiciones para perdonar, pero quien nos perjudicó es quien decide si tales condiciones son demasiado onerosas o no. Nosotros seguimos siendo su víctima. "¡No te voy a hablar hasta que me pidas perdón!", grita furiosa mi nieta menor, Onalenna; su hermana, juzgando injusta e injustificada esa demanda, se niega a disculparse. Ambas están atrapadas en una guerra de voluntades determinada por el rencor mutuo. Este *impasse* puede romperse de dos modos: Nyaniso, la mayor, podría disculparse, u Onalenna olvidarse de la disculpa y perdonar incondicionalmente.

El perdón incondicional es un modelo de perdón diferente al regalo condicionado. Es un perdón como gentileza, un regalo gratuito hecho de manera voluntaria. En este modelo, el perdón libera al perpetrador tanto del peso del capricho de la víctima —lo que ésta podría exigir para perdonar— como de su amenaza de venganza. Pero también libera a la víctima. Quien perdona con gentileza se suelta al instante del yugo de quien le hizo daño. Cuando perdonas, estás en libertad de avanzar por la vida, de crecer, de dejar de ser una víctima. Cuando perdonas, te quitas el yugo y tu futuro se suelta de tu pasado.

En Sudáfrica, la lógica del *apartheid* generó enemistad entre las razas. Hoy persisten algunos de los nocivos efectos de ese sistema. Pero el perdón nos ofreció un futuro distinto, libre de la lógica de nuestro pasado. Hace unos meses, yo me senté al sol para disfrutar de los deliciosos gritos de un grupo de niñas de siete años que celebraban el cumpleaños de mi nieta. Ellas representaban a todas las razas de nuestra diversa nación. Su futuro no está determinado ya por la lógica del *apartheid*. La raza no es la base sobre la que ellas elegirán a sus amigas, formarán su familia, seleccionarán su carrera o decidirán dónde vivir. Su futuro está siendo trazado por la lógica de una nueva Sudáfrica y la gentileza del perdón. La nueva Sudáfrica es un país en construcción gracias a que, dejando atrás la carga de años de prejuicio, opresión, brutalidad y tortura, extraordinarias personas ordinarias tuvieron el valor de perdonar.

Nuestra humanidad compartida

El perdón es en última instancia una decisión por tomar, y la capacidad de perdonar procede del reconocimiento de que todos somos imperfectos y humanos. Todos hemos cometido errores y perjudicado a otros. Y volveremos a hacerlo. Es más fácil practicar el perdón cuando reconocemos que los roles habrían podido ser diferentes. Todos pudimos haber sido el perpetrador, no la víctima. Todos pudimos cometer contra otros los agravios que se cometieron contra nosotros. Uno podría decir: "Yo jamás haría tal cosa", a lo que la humildad genuina contestará: "Nunca digas nunca jamás". Así que más bien deberíamos decir: "Supongo que, en las mismas circunstancias, yo no haría tal cosa". Pero quién sabe…

Como explicamos en la introducción, hemos escrito este libro porque en realidad nuestro tema no es una dicotomía. Nadie está siempre en el bando del perpetrador. Nadie será siempre la víctima. En algunas situaciones nos han hecho daño, y en otras hemos sido nosotros los que hemos hecho daño. A veces estamos a caballo entre ambos bandos, como cuando, al calor de una discusión, intercambiamos ofensas con nuestra pareja. No todos los daños son equivalentes, pero ésa no es la cuestión. Quienes quieran comparar cuánto han agraviado con cuánto se les ha agraviado a ellos terminarán ahogándose en un torbellino de victimización y negación. Quienes creen estar más allá de todo reproche no se han visto honestamente al espejo.

No nacemos odiándonos y deseando hacer daño. Ésta es una condición aprendida. Los niños no sueñan con ser violadores o asesinos de grandes, aunque cada violador y asesino fue niño alguna vez. Y cuando yo examino a algunos de los individuos a los que se describe como "monstruos", creo honestamente que lo mismo podría decirse de cualquiera de nosotros. No digo esto porque yo sea un santo. Lo digo porque he estado con hombres condenados a muerte, he hablado con expolicías que admitieron haber infligido la más cruel de las torturas, he visitado a niños soldados que cometieron actos repugnantes, y en cada uno de ellos advertí una humanidad profunda reflejo de la mía.

El perdón es la gracia por la que permitimos que otros se pongan de pie, y que lo hagan con dignidad, para volver a empezar. No perdonar produce odio y amargura. Al igual que el odio y desprecio por uno mismo, el odio a los demás nos corroe las entrañas. Sea que se le proyecte afuera o se le guarde dentro, el odio corroe siempre el espíritu humano.

El perdón no es un lujo

El perdón no es una vaguedad. Tiene que ver con el mundo real. Curación y reconciliación no son hechizos mágicos. No borran la realidad de un agravio. Perdonar no es pretender que no pasó lo que pasó. La curación no arroja un velo sobre una herida. La curación y la reconciliación demandan más bien un juicio honesto. Para los cristianos, Jesucristo es el modelo del perdón y la reconciliación. Él perdonó a sus traidores. Jesús, el Hijo de Dios, podía quitar las cicatrices de la lepra; curar a los maltrechos de cuerpo, mente o espíritu, y devolver la vista a los ciegos. Sin duda, también habría podido eliminar las cicatrices de la tortura y muerte que él soportó. Pero decidió no suprimir esas evidencias. Después de la resurrección, se apareció a sus discípulos. En casi todas esas ocasiones, les mostró sus heridas y cicatrices. Y esto es lo que la curación exige. La conducta hiriente, vergonzosa, abusiva o degradante debe ser puesta bajo la inclemente luz de la verdad. Y la verdad puede ser brutal. De hecho, puede exacerbar las heridas y empeorar las cosas. Pero si queremos un perdón y una curación verdaderas, debemos hacer frente a la herida verdadera.

La invitación a perdonar

En los capítulos siguientes profundizaremos en el tema del perdón. Examinaremos qué es y no es el perdón. Por el momento baste decir que la invitación a perdonar no es una invitación a olvidar. No es una invitación a afirmar que una herida es menos dolorosa de lo que es. Ni una petición de disimular la fisura de una relación, de decir que marcha bien cuando no es así. Ser lastimado no está bien. Ser objeto de abusos no está bien. Ser atropellado no está bien. Ser traicionado no está bien.

La invitación a perdonar es una invitación a buscar paz y curación. En mi lengua nativa, el xhosa, para pedir perdón se dice *Ndicel' uxolo* ("Pido paz"). Ésta es una locución muy bella, y muy perceptiva. El perdón abre la puerta a la paz entre personas y abre espacio a la paz en cada una de ellas. La víctima no puede tener paz sin perdonar. El perpetrador no tendrá verdadera paz mientras no sea perdonado. Entre víctima y perpetrador no puede haber paz mientras el agravio subsista entre ellos. La invitación a perdonar es una invitación a buscar la humanidad del perpetrador. Cuando perdonamos, reconocemos la realidad de que él es como cualquiera de nosotros.

Si yo intercambiara mi vida con la de mi padre; si hubiera experimentado el estrés y presiones que él enfrentó; si hubiera tenido que soportar sus cargas, ¿habría actuado igual que él? No lo sé. Supongo que yo habría sido diferente, pero no lo sé.

Mi padre murió hace mucho, pero si hoy pudiera hablar con él, le haría saber que lo he perdonado. ¿Qué le diría? Comenzaría dándole las gracias por todas las cosas maravillosas que hizo por mí, pero después le diría que hubo algo que me dolió mucho. Le diría cómo me afectó e hizo sufrir lo que él le hacía a mi madre.

Tal vez me escucharía, tal vez no. Pero yo lo perdonaría de todos modos. Mas como ya no puedo hablar con él, tuve que perdonarlo en mi corazón. Si mi padre estuviera hoy aquí, y así me pidiera perdón o no, o hasta se negara a admitir que hizo algo malo o no pudiera explicar por qué lo hizo, yo lo perdonaría. ¿Por qué? Porque sé que ésta es la única forma en que puedo aliviar el dolor en mi corazón de niño. Perdonar a mi padre me libera. Cuando olvido sus ofensas, mi recuerdo de él deja de ejercer control sobre mi ánimo o temperamento. Su violencia y mi incapacidad de proteger a mi madre dejan de definirme. Ya no soy el niño amedrentado por sus arrebatos etílicos. Tengo una historia nueva y diferente. El perdón nos libera a ambos. Somos libres.

El perdón implica práctica, honestidad, una mente abierta y la disposición (así sea limitada) a intentarlo. Este viaje de curación no es un manual, un libro que hemos de leer y entender. Es una práctica, algo en lo que debemos participar. Es nuestra propia senda al perdón. Para perdonar de verdad, tenemos que entender mejor el perdón, pero antes debemos saber qué no es el perdón. Exploraremos esto en el capítulo siguiente. Antes de continuar, hagamos una pausa para escuchar lo que el corazón oye.

"Te perdonaré."
Estas palabras escuetas
ocultan un universo entero.
Cuando te perdono,
todas las cuerdas del rencor, el dolor y la tristeza que envolvían
mi corazón desaparecen.
Cuando te perdono,
dejas de definirme.
Tú me mediste y evaluaste y
decidiste que me podías lastimar,
porque yo no importaba.
Pero te perdonaré
porque cuento
e importo.
Soy más grande que la imagen que tienes de mí,
más fuerte,
más bello
e infinitamente más valioso de lo que creíste.
Te perdonaré.
Mi perdón no es un regalo para ti.
Cuando te perdone,
mi perdón será un regalo para mí.

35

RESUMEN

Por qué perdonar

- El perdón es bueno para la salud.
- El perdón brinda libertad del pasado, de un perpetrador, de una victimación futura.
- El perdón cura a familias y comunidades.
- Perdonamos para no sufrir, física o mentalmente, los corrosivos efectos de aferrarnos a la ira y el rencor.
- Todos estamos interconectados y tenemos una humanidad compartida.
- El perdón es un regalo que nos damos a nosotros mismos.

MEDITACIÓN

Abrirse a la luz

1. Cierra los ojos y sigue tu respiración.
2. Cuando te sientas centrado, imagínate en un lugar seguro, bajo techo o a la intemperie, como prefieras.
3. En el centro de tu espacio seguro está una caja con muchos cajones.
4. Los cajones están rotulados. Las inscripciones se refieren a heridas aún por olvidar.
5. Escoge un cajón y ábrelo. Enrollados, doblados o amontonados dentro están todos los pensamientos y sentimientos que el incidente despierta en ti.
6. Puedes decidir vaciar este cajón.

7. Saca tu herida a la luz y examínala.

8. Desdobla el rencor que sientes y ponlo frente a ti.

9. Desarruga esa pena y déjala vagar hacia el sol y desaparecer.

10. Si alguno de tus sentimientos te parece demasiado grande o insoportable, hazlo a un lado para examinarlo después.

11. Cuando el cajón esté vacío, póntelo en las piernas.

12. Quítale el rótulo.

13. Una vez sin su rótulo, lo verás convertirse en arena. El viento se lo llevará. Ya no lo necesitas.

14. El espacio de esa herida en la caja habrá desaparecido. Ya no es necesario.

15. Si hay más cajones por vaciar, repite esta meditación, ahora o más tarde.

RITUAL DE LA PIEDRA
Cargar la piedra

1. Necesitarás tu piedra del tamaño de la palma de tu mano.

2. Durante una mañana (aproximadamente seis horas), carga la piedra en tu mano no dominante. No la sueltes por ningún motivo en este periodo.

3. Pasadas las seis horas, haz el ejercicio del diario.

EJERCICIO DEL DIARIO

1. ¿Qué percibiste en el acto de cargar la piedra?
2. ¿Cuándo lo percibiste más?
3. ¿Estorbó alguna de tus actividades?
4. ¿Te fue útil en algún momento?
5. ¿En qué sentido cargar la piedra fue como cargar un agravio no perdonado?
6. Haz una lista de personas a las que debes perdonar.
7. Haz una lista de personas que quisieras que te perdonaran.

2 Qué no es el perdón

La vida puede cambiar en un instante. Para Mpho, ese instante llegó en abril de 2012:

Aún no me es posible describir del todo mis sentimientos. Náuseas, asco, miedo, confusión y pesadumbre me apabullaron por igual. Mi ama de llaves, Angela, estaba tirada en la recámara de mi hija, sobre la sangre de su cuerpo inmóvil. Los médicos confirmaron poco después que estaba muerta. Había fallecido horas antes. Los días y semanas siguientes fueron un remedo de vida vuelta de cabeza. Esa sangre y ese cadáver ya desaparecieron, pero aquel hecho sigue teniendo repercusiones en nuestra vida.

Extrañamos a Angela. En apenas unos cuantos meses, ella ya había impreso su huella en nuestra vida. Sus manías y bondad ya formaban parte de nuestra historia y nuestra familia. Su risa llenaba la casa. Su curiosa forma de hablar se había vuelto parte de nuestro lenguaje. Su ausencia es una sombra triste, horripilante. Llanto y pesadillas, terror y noches en vela, silencios exasperantes y ruidos que crispan los nervios: todo esto ha pasado a integrarse a nuestra nueva realidad. La casa que compartíamos con ella ha dejado de ser nuestro hogar. Ya no podemos vivir ahí. "¿Robaron algo?", preguntó el joven policía. Sí, una vida. No, algo más que una vida. Había un solo cadáver, pero muchas vidas fueron irrevocablemente cambiadas, arrebatadas, robadas. Desaparecieron numerosas vidas, y un hogar feliz. A veces, esta muerte me hace sentir triste, indeciblemente triste. Otras, me siento enojada. ¿Cómo pudo alguien cometer esa vileza? ¿Cómo pudo ser tan brutal? ¿Por qué Angela? ¿Qué daño le hizo ella a nadie? ¿Cómo pudo atreverse alguien a allanar mi hogar? ¡Hay momentos en los que el enojo se convierte en furia y yo quisiera devolver el golpe!

Un inesperado acto de rabia y violencia puede hacernos experimentar una pérdida y un horror tan grandes que creemos que nos será imposible sobrevivir. Lo vemos en los noticieros de la noche: niños desaparecidos y jamás recuperados, o cuyos cuerpos son hallados después, tirados como basura. Leemos al respecto en los periódicos: una mujer torturada y violada en el fuego cruzado de la guerra civil. Lo vemos en la internet: aulas y cines donde se acribilla a inocentes en forma indiscriminada, y donde ellos mueren trágica, violenta, absurdamente. Sabemos de tiroteos desde automóviles en marcha y de la invasión de hogares, represalias de bandas contra bandas y muertes vengadas con otras muertes. Vemos, leemos y oímos, pero a la distancia, y con un desapego lamentable de los horrores que la gente es capaz de infligir.

No obstante, de repente nos sucede a nosotros. Y el horror que antes veíamos a lo lejos, como una película u obra de teatro, está ahora dentro de nuestros hogares, aulas y barrios.

En nuestra familia.

A veces, Mpho no puede siquiera imaginarse perdonando a quien cometió tal atrocidad en su casa; a quien marcó indeleblemente y para siempre la psique e infancia de sus hijas con un insensato y sangriento acto de brutalidad. Digo esto porque aun para personas de fe que creen en el perdón incondicional, para personas como Mpho y como yo —que se atreven a escribir libros sobre el perdón—, perdonar no es fácil. No es fácil para Mpho. No es fácil para mí. Y es comprensible que tampoco lo sea para ti.

Perdonar no es muestra de debilidad

Todos aspiramos a perdonar a los demás. Admiramos y apreciamos a quienes perdonan de corazón, aun si se les ha traicionado, engañado, robado, mentido o cosas todavía peores. Los padres que perdonan al asesino de su hijo nos inspiran un temor reverente. La mujer que perdona a su violador nos parece imbuida de un valor especial. Un hombre que perdona a quienes lo torturaron brutalmente hace que consideremos heroico su acto. Al ver a esas personas y acciones, ¿creemos débiles a quienes perdonan? No. Perdonar no es muestra de debilidad. No es muestra de pasividad. No es para los pusilánimes.

Perdonar no significa no tener carácter, ser incapaz de enojarse. Yo me enojo principalmente cuando veo que se lastima a alguien, o que se pisotean sus derechos. He conocido a personas capaces de compasión y perdón aun en las más atroces circunstancias, mientras sufrían un trato espantoso. El obispo Malusi Mpumlwana es una de ellas. Arrestado por su activismo contra el *apartheid*, él sufrió tortura física extrema a manos de la policía sudafricana. Esta experiencia renovó su compromiso contra el *apartheid*. Pero no por afán de venganza. Como él mismo me contó, en medio de su tortura tuvo un discernimiento sorprendente: "Estos hombres son hijos de Dios y están perdiendo su humanidad. Nosotros debemos ayudarles a recuperarla". Poder dejar de lado la inhumanidad de una conducta y reconocer la humanidad de la persona que comete actos atroces es una proeza notable. No es debilidad. Es fortaleza heroica, la más noble del espíritu humano.

Cuando tenía doce años, Bassam Aramin vio a un soldado israelí matar a tiros a un chico de su edad. En ese momento, sintió una "insaciable sed de venganza", así que se unió a un grupo de combatientes de la libertad en el Hebrón. Y aunque algunos lo llamaban terrorista, él sentía que luchaba por su seguridad, su patria y su derecho a ser libre. A los diecisiete años se le aprehendió mientras planeaba un ataque contra tropas israelíes, y fue sentenciado a siete años de cárcel. Ahí sólo aprendió a odiar más mientras los guardias lo desvestían para golpearlo. "Nos pegaban sin odio, porque para ellos eso era sólo una rutina, y nos veían como objetos."

En prisión dio en conversar con su guardia israelí. Cada uno de ellos juzgaba "terrorista" al otro, y negaba ser el "invasor" en el territorio compartido. Pero mediante sus conversaciones se dieron cuenta de lo mucho que tenían en común. Bassam sintió empatía por primera vez en su existencia.

Al ver la transformación ocurrida en él y su captor por el hecho de reconocer su humanidad compartida, Bassam comprendió que era imposible que la violencia produjera paz. Esta comprensión cambió su vida.

En 2005, él fue uno de los cofundadores de la organización Combatientes por la Paz. No ha tomado un arma desde entonces, y para él esto no es señal de debilidad, sino de verdadera fuerza. En 2007, otro soldado israelí mató a tiros a su hija, Abir, de diez años, fuera de su escuela. Dice Bassam: "El asesino de Abir pudo haberme forzado a seguir el camino fácil del odio y la venganza, pero yo no abandonaré nunca el diálogo y la no violencia. Después de todo, un soldado israelí mató a mi hija, pero cien exsoldados israelíes hicieron un jardín en su nombre, frente a la escuela donde perdió la vida".[6]

Lo repito: perdonar no es muestra de debilidad.

Perdonar no es subvertir la justicia

Hay quienes creen que una injusticia sólo puede repararse haciendo pagar a alguien el daño que causó. El perdón, dicen, subvierte el curso de la justicia. Lo cierto es que la gente vivirá siempre con las consecuencias de sus actos. En algunos casos, el perdón por la parte agraviada llega después de que el perpetrador ha cumplido su castigo. Así ocurrió en Irlanda del Norte. En 2006, la BBC transmitió una serie documental, *Facing the Truth* (Frente a la verdad), en la que reunió a víctimas y perpetradores del violento conflicto norirlandés. Lo particular de este proceso fue que, a diferencia de la Comisión de la Verdad y la Reconciliación de Sudáfrica, esa serie no tenía autoridad para amnistiar a los perpetradores. De hecho, los que buscaron perdón ya habían sido juzgados y condenados por sus crímenes. Aun así, lo buscaron. Y no lo hicieron para cambiar el pasado o desafiar a la justicia. Lo hicieron porque lo deseaban.

Ni siquiera el Dios cristiano subvierte la justicia temporal al abrir la puerta del perdón y la paz eternos. El ladrón colgado en la cruz junto a Jesucristo fue la única persona a la que se le prometió el paraíso. Murió en una cruz por sus delitos. Vive en la eternidad gracias a su arrepentimiento.

Pero aun si los perpetradores son amnistiados y exonerados, como en el proceso de la CVR sudafricana, no puede decirse que "queden impunes". Al presentarse ante esa comisión para hablar de sus actos, los perpetradores sudafricanos cambiaron para siempre el estado en que se les tenía en sus familias y comunidades. Luego de años de ocultar sus actividades, tuvieron que pararse en un lugar público y reconocer su crueldad, insensibilidad y actos homicidas. Sí, se les amnistió, pero no por ello la justicia fue subvertida en el corazón de las numerosas víctimas y familias que necesitaban saber la verdad.

A menudo, aun después de hacerse "justicia", muchos se encuentran con que la historia no ha terminado todavía, y nadie ha descubierto la ruta a un nuevo comienzo. El perdón es la única salida de la trampa que el agravio produce.

Perdonar no es olvidar

A algunos les parece difícil perdonar porque creen que esto significa olvidar el dolor que sufrieron. Yo puedo afirmar rotundamente que perdonar no significa olvidar el agravio. No significa negarlo. No significa pretender que no ocurrió o que no fue tan grave como parece. Lo cierto es precisamente lo contrario. El ciclo del perdón sólo puede activarse y completarse en medio de la verdad y honestidad absolutas.

Perdonar implica dar voz a los atropellos y referir las penas padecidas. No obliga a callar lo que sufrimos o a martirizarnos en una cruz de mentiras. No significa pretender que las cosas fueron de otra manera. "Fui lastimado", decimos. "Fui traicionado", proclamamos. "Sufro por ello. Se me trató injustamente. Fui humillado. Me enoja que me hayan hecho eso. Me entristece y saca de quicio. Nunca olvidaré lo que me hicieron, pero perdonaré. Haré cuanto esté en mi poder para que no se me vuelva a hacer daño. No tomaré represalias contra nadie, yo mismo incluido."

Si efectivamente existe un patrón de agravios del perpetrador, entonces ningún caso de daño es único. Hay historia, y de nada nos sirve olvidar nuestra historia. Al perdonar, siempre se corre el riesgo de que no todo salga bien. Así como lo hacemos al comprometernos a amar a alguien y casarnos, también damos un salto de fe al comprometernos a practicar el perdón. No olvidamos ni negamos la posibilidad de que se nos vuelva a lastimar, pero damos ese salto de todas formas.

Perdonar no es fácil

Cuando sufrimos una pérdida o daño, solemos creer que olvidar es demasiado apabullante, demasiado complicado como para considerarlo siquiera. ¿Cómo perdonar en ausencia de una disculpa o explicación del motivo de que se nos lastimara? ¿Cómo pensar en perdonar cuando sentimos que el otro no ha hecho nada para "merecer" nuestro perdón? ¿Por dónde empezar siquiera?

La tarea de perdonar no es fácil. Tal vez ya has tratado de perdonar a alguien sin lograrlo. Quizá lo has hecho sin que la otra parte haya mostrado remordimiento, cambiado de conducta o admitido sus ofensas, y prefieres seguir siendo implacable.

Perdonar no es algo que pueda hacerse sin esfuerzo, así que no tiene caso minimizar su complejidad. Es mejor dividir nuestro perdón en pequeñas piezas, y comenzar donde nos encontremos. Cuenta tu historia tanto como sea necesario. Nombra tus penas hasta que dejen de atravesarte el corazón. Perdona cuando estés listo para dejar atrás el pasado, el cual es imposible de cambiar. Reconcíliate o termina la relación, como prefieras.

Perdonar no es fácil, pero es el camino a la curación. A Nelson Mandela no le fue nada fácil pasar veintisiete años en prisión, pero cuando me dicen qué desperdicio de tiempo fue ése, yo contesto que no es así. Mandela tardó veintisiete años en pasar de joven iracundo, radical e implacable a un icono de la reconciliación, el perdón y el honor capaz de alejar a una nación del borde de la guerra civil y la autodestrucción.

Nuestro sufrimiento, pérdidas y dolor pueden transformarnos. Esto no siempre nos parecerá justo ni fácil, pero sabemos que, con el tiempo, de un gran pesar puede obtenerse un gran bien. En el capítulo siguiente empezaremos a explorar el camino cuádruple del perdón.

45

Pero antes hagamos una pausa para escuchar lo que el corazón oye.

Dios perdona de manera incondicional,
así que también nosotros podemos hacerlo.
El ladrón en la cruz sigue muriendo en su cruz,
pero el perdón liberó su espíritu.
Y tú y yo, en tierra, con nuestro montón
de agravios apuntando al cielo,
¿moriremos mil muertes antes de morir?
¿Moriremos de sed de venganza?
¿Arderemos en la hoguera de nuestra rabia?
¿Tropezaremos con todos los obstáculos en nuestro camino?
¿Y nos prenderemos de nuestra desdicha?
¿O nos arriesgaremos a ser libres siguiendo
este camino, adondequiera que lleve,
más allá de los porqués y las mentiras sobre lo que no pudo ser?
Ésta es nuestra oportunidad.
Corre el riesgo.
Libérate.

RESUMEN
Qué no es el perdón

- Perdonar no es fácil; requiere mucho trabajo y disposición constante.
- Perdonar no es muestra de debilidad; requiere valor y fortaleza.

- Perdonar no es subvertir la justicia; permite que se haga justicia con una pureza de propósito que no incluye la venganza.
- Perdonar no es olvidar; requiere un recuerdo audaz del agravio.
- Perdonar no es rápido; puede implicar varios ciclos de aflicción y recuerdo antes de un perdón efectivo y liberador.

MEDITACIÓN
Estar en el espacio seguro

A veces la tarea del perdón parece desmedida y lo único que quieres es estar tranquilo y sentirte a salvo. En esta meditación crearás un manto de seguridad que estará siempre a tu alcance.

1. Siéntate cómodamente. Si lo deseas, cierra los ojos.
2. Presta atención a tu respiración. No la dirijas. Síguela.
3. Una vez asentado en el ritmo de tu respiración, siéntete rodeado por un manto de seguridad.
4. ¿Qué textura tiene ese manto? ¿De qué color es? ¿A qué huele?
5. Adáptate a ese manto. ¿Es frío o caliente?
6. Ve ese manto en tu imaginación lo más detalladamente posible. Cúbrete con él y hazte a la idea de que te hace sentir a salvo.

7. Cuando creas necesitar este manto de seguridad, ten por cierto que siempre estará a tu disposición y que te bastará con tender la mano para alcanzarlo.

RITUAL DE LA PIEDRA
Trazar los mitos

1. Toma tu piedra. Ponla sobre una hoja de tu diario y traza su contorno.
2. Haz cinco contornos de ella.
3. Escribe dentro de cada uno algo que el perdón no es.
   El perdón no es:
   a. debilidad
   b. injusticia
   c. olvido
   d. fácil
   e. rápido
4. Respecto a cada uno de estos mitos, piensa en un caso en que el mito te impide perdonar.

EJERCICIO DEL DIARIO

Perdonar es un proceso de dejar atrás.

1. Piensa en las cosas a las que debes renunciar o soltar para poder perdonar.
2. Tu lista podría incluir cosas como el derecho a vengarte, la esperanza de una disculpa o hasta la ilusión de que quien te hizo daño comprenda el dolor que causó.
3. Mientras haces esta lista, detente en cada punto y agradece la posibilidad de soltar lo que no necesitas para poder perdonar.

3 Comprender el camino cuádruple

Mpho la conoció en el hospital. Era una niña hermosa, a comienzos de su adolescencia. La hallaron dormida en el baño de la escuela. Después de días de obstinado silencio, mientras las enfermeras la asediaban con golosinas y refrescos, ella comenzó a hablar. Su historia tropezaba con aristas de cólera, miedo y traición. Tras varios años sola, su mamá se había casado de nuevo. Al principio, el señor fue amable. Amable con su mamá. Amable con ella. Luego, demasiado amable con ella, para terminar siendo sencillamente siniestro. Ella intentó decírselo a su madre. Pero ésta ya lo sabía. ¿De qué vivirían si él iba a dar a la cárcel o se marchaba?

"No se lo digas a nadie. No te atrevas a hacerlo."

El miedo y la traición la obligaron a irse de casa. La rabia le cerró la boca, manteniéndola presa en ese silencio obstinado. Tras hablar por vez primera, la niña volvió a contar su historia sin cesar, relatando su aflicción y dolor y abriéndose camino entre sus miedos. ¿Cómo había podido ese hombre hacerle aquello? ¿Cómo había podido su madre no protegerla? Al principio, sus sentimientos parecieron formar un tenso enredijo de lástima y furia. Pero con el tiempo, y a medida que ella hablaba, pudo ver más allá de su cólera y su angustia, y percibir el temor y la vergüenza de su madre. Lo que ésta había tenido que

51

soportar no dulcificó lo que ella había sufrido. Pero mientras la niña se percataba en parte de la experiencia de su madre, el enredijo de sus sentimientos comenzó a suavizarse y desembrollarse. Y ella empezó a perdonar.

Habiendo entendido qué no es el perdón, ahora debemos examinar qué es, y su proceso propiamente dicho. Nadie quiere que la historia de su vida sea la suma de sus agravios. No fuimos creados para sufrir y estar solos. Se nos creó para amar y estar juntos. Cuando esta unidad se rompe, debemos tener una forma de repararla.

La forma que nosotros te ofrecemos es lo que llamamos el camino cuádruple. El primer paso de este camino es contar la historia; después vienen nombrar la pena, conceder perdón y renovar o terminar la relación. Perdonar no es nada nuevo, y el proceso que describiremos ha sido seguido, a lo largo de la historia, por seres humanos de todas las culturas del planeta. El camino cuádruple podría remontarse incluso a Adán y Eva y la importuna manzana. Sí, los humanos hemos tenido que perdonarnos unos a otros desde que el mundo es mundo.

Represalias o reconexión

Los biólogos de la evolución sugieren que estamos programados para vengarnos y contraatacar cuando nos lastiman. Fue así como nuestros antepasados sobrevivieron a las amenazas que enfrentaron, y ésta es hoy nuestra naturaleza al responder a una amenaza. ¿Qué otra cosa podríamos hacer sino tomar represalias, puesto que lo traemos en los genes? Si se nos ataca con severidad, hemos de responder con más fuerza aún. Como dijo Darwin, se trata de la sobrevivencia del más apto.

¿Es cierto esto? No cabe duda de que la venganza forma parte de nuestra biología evolutiva, pero tampoco de que estamos programados asimismo para perdonar y restablecer la armonía con quienes nos rodean. Los primatólogos señalan que aun los monos buscan reparar el daño que causan. Se toman de la mano, y se ponen muy inquietos cuando el grupo no está en sintonía. Entre los humanos, "Perdón" es, junto con "Por favor" y "Gracias", una de las primeras adiciones al vocabulario de un niño. Este afán de armonía es la causa de que el corazón se nos alegre cuando nos enteramos de que una persona ofendida decidió perdonar. Es la causa de que las historias que compartimos en este libro resuenen tanto en todos nosotros. En lo más hondo de nuestro ser sabemos que el perdón es, en efecto, la puerta a la armonía y la paz.

El hecho de que nos inclinemos a vengarnos no equivale a una justificación moral para devolver el golpe cuando nos lastiman. Que cierta acción esté preprogramada en nuestro cerebro no significa que sea justificable tolerarla. Tendemos a la agresividad en muchos contextos, pero sabemos que no debemos consentirla. Somos proclives al sexo, pero entendemos que dejarnos llevar por esa inclinación no siempre es lo más apropiado, así que nos contenemos. Y aunque estamos programados para la venganza y la agresividad, también lo estamos para la unión, como está científicamente comprobado. Nuestro cerebro quiere que nos relacionemos con los demás; el ostracismo o rechazo —la negativa a establecer relaciones— ha sido desde hace mucho, en verdad, un castigo que individuos y comunidades imponen a quienes no controlan su ira. Hoy los científicos estudian las neuronas espejo, los mecanismos cerebrales que nos permiten sentir lo que otros sienten.[7] Somos animales sociales, y nuestra sobrevivencia física depende de relaciones y contactos sociales satisfactorios tanto como del alimento, el aire y el agua. Aunque todo esto es cierto, reconozco que no facilita el perdón cuando sufres y te acongojas, o cuando tu mundo ha sido puesto de cabeza por un casual e inmerecido acto de violencia o crueldad.

Cada vez que se nos agravia, nos vemos frente a la decisión de tomar represalias o restablecer la armonía. Buscar represalias o venganza no nos brinda satisfacción; conforme a la expresión de Mahatma Gandhi, cuando practicamos la ley del ojo por ojo, todos acabamos ciegos. Si yo insulto a quien me insulta, esto no me brinda satisfacción. Como ya dijimos, las represalias no reducen ni eliminan el escozor del primer insulto. Una parte de mí sabe que no debo responder de este modo, y que pagar con la misma moneda no ofrece una sensación agradable. Hay cierta dignidad que admiramos, y a la que aspiramos, en quien se niega a enfrentar el enojo con enojo, la violencia con violencia o el odio con odio.

Intentemos entender cómo es que nos vemos atraídos por un ciclo de venganza y ruptura, y cómo podemos optar en cambio por un ciclo de perdón y curación, que nosotros llamamos el ciclo del perdón. Ya vimos que estos dos impulsos, el de tomar represalias y el de restablecer la armonía, forcejean en nuestro corazón. Así que nos vendrá bien analizar en detalle ese momento crucial, el instante en que decidimos seguir la senda de la venganza y someternos al sufrimiento o seguir la senda del perdón y ser liberados para sanar. El diagrama que aparece en seguida describe visualmente este proceso:

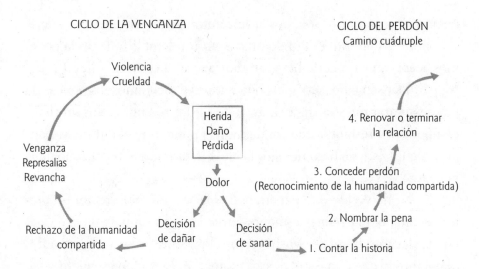

Inevitablemente, dado que somos criaturas frágiles y vulnerables, experimentamos alguna herida, daño o pérdida. Esta herida puede ser física, emocional o psicosocial, e infligida con un arma o una palabra. Quizá hayamos sido desairados, rechazados o traicionados. En su maravilloso libro *Dignity*, Donna Hicks dice que todas esas heridas son afrentas a nuestra dignidad, física, emocional o social. Es imposible vivir en sociedad sin que en cierto momento se nos lastime. Esta herida es lo que nos hace iniciar un ciclo. Supongo que Dios habría podido hacernos indiferentes a los actos ajenos, pero no fue así. Supongo que pudimos haber evolucionado de otra manera, no necesitar de nadie ni interesarnos en nadie, pero éste no fue el camino que siguió nuestra evolución.

Reaccionar a un agravio es un fenómeno universal. En ese momento todos experimentamos tristeza, dolor, vergüenza o enojo, o una combinación de algunas o todas esas emociones. Llega luego el momento de decidir, aunque la mayoría estamos tan habituados a nuestras reacciones que ni siquiera nos percatamos de que tenemos otra opción. Por lo tanto, solemos seguir automáticamente el ciclo de la venganza. La afrenta es tan dolorosa, tan intolerable, que no la podemos aceptar, y en vez de llevarnos las manos al corazón y llorar nuestra pérdida, señalamos a quien nos lastimó y sacudimos los puños. En vez de abrazar nuestra tristeza, avivamos nuestro enojo. Nos sentimos compelidos a restaurar nuestra dignidad rechazando el dolor y negando la pena. Este rechazo nos sitúa en el circuito cerrado del ciclo de la venganza.

Yo he vivido esta experiencia. Hace unos años, recibí un premio de una obra benéfica estadunidense. La ceremonia se llevó a cabo en un elegante hotel de Washington. Una connotada actriz estadunidense fungió como maestra de ceremonias. A la mañana siguiente, me senté en el lobby a esperar a mis anfitriones, quienes me conducirían a una serie de encuentros. Llevaba puesto mi atuendo clerical de costumbre, que incluía una camisa púrpura, alzacuello y una cruz pectoral, y cargaba en la mano mi clásica gorra griega de pescador. De repente se me acercó un botones: "¿Usted es el chofer [de la afamada maestra de ceremonias]?". Antes siquiera de que terminara de entender la pregunta, me sentí confundido. Mis emociones arrasaron con mis ideas. ¿Lo único que ese joven atinaba a saber era que yo era un negro de cierta edad, de traje y gorra? ¿Nunca se le ocurrió que un chofer esperaría afuera, junto al coche? Si yo fuera blanco y me hubiese presentado con ese mismo atuendo, ¿ese chico me habría hecho la misma pregunta? Ofendida mi dignidad, quise desquitarme, arrastrar al muchacho insolente hasta su supervisor y ponerlo en su sitio. Quise librarme de mi sensación afrentosa. Me negaba a admitir que aquel agravio había exhibido tristemente mi vulnerabilidad.

Cuando no podemos aceptar que somos vulnerables, nos es imposible ver al otro como una persona herida que nos ha lastimado por ignorancia, dolor o postración. Debemos rechazar entonces que tenemos algo en común con él. Así, seguimos el ciclo de la venganza, para rechazar nuestra humanidad compartida. Sin el reconocimiento de nuestra humanidad compartida, el lazo entre él y nosotros se rompe, y el tejido social se desgarra. De ahí a clamar venganza resta un paso apenas. A fin de recuperar nuestra dignidad, nos sentimos obligados a pagar con la misma moneda, y tomamos represalias. Esto deriva a su vez en nuevas heridas, daños y pérdidas, lo que mantiene en operación el ciclo de la venganza. Familias, tribus y países han quedado atrapados en este ciclo por generaciones.

Aunque puede ser que la venganza sea un impulso natural, no tenemos por qué atender al llamado de sus sirenas. Existe otro camino, que nosotros denominamos el ciclo del perdón. Este ciclo se inicia a causa de una herida, daño o pérdida al momento mismo de la tristeza, vergüenza y enojo que todos experimentamos. En vez de rechazar nuestro pesar y dolor, en el ciclo del perdón los aceptamos. Si lo que hemos experimentado es un desaire o agravio menor a nuestra dignidad de parte de nuestra pareja, éste podría ser el fin de todo el asunto, y podríamos perdonar a esa persona rápida y fácilmente. Pero si la herida es profunda o hemos perdido a alguien o algo invaluable para nosotros, esta parte del ciclo del perdón puede ser larga e intensa. En los capítulos siguientes analizaremos en detalle los pasos de este proceso.

Como descubrió la niña que Mpho conoció en el hospital; a medida que ella aceptaba su dolor, empezó a reconocer el dolor y miedo de su madre. En vez de rechazar nuestro dolor y pesar, como lo hicimos en el ciclo de la venganza, podemos reconocer y aceptar esos sentimientos. Cuando la herida es honda, el espacio entre nuestra tristeza inicial y la aceptación plena de nuestro dolor es un recorrido por las etapas del duelo: negación, enojo, regateo, depresión y aceptación. Estas etapas no siguen un orden preestablecido, y a menudo recomienzan una y otra vez conforme experimentamos oleadas de pérdida y agravio. Cuando enfrentamos y aceptamos nuestro dolor, empezamos a comprender que nada nos obliga a estancarnos en nuestra historia.

Quien nos agravió tiene también una historia. Nos hirió abrumado por ella y movido por el dolor, la vergüenza o la ignorancia. Ignoró nuestra humanidad compartida. Cuando vemos de este modo el dolor, advertimos el lazo que nos une con el perpetrador, y hasta empatizamos con él. Comenzamos a desechar nuestra identidad como víctimas, y la de él como perpetrador.

Así le ocurrió a la niña cuya historia abrió este capítulo: cuando aceptó su dolor, pudo ver el sufrimiento y temor de su madre. Lo mismo me pasó a mí: cuando acepté mi susceptibilidad producto de las realidades del racismo y el *apartheid*, entendí la taquigrafía visual que dio lugar al error del botones. Esto es así en el caso tanto de pequeños desaires como de grandes heridas. Cuando admitimos nuestro dolor, podemos identificarlo en la vulnerabilidad del otro. Podemos aceptar que si estuviéramos en sus zapatos, si su historia fuera la nuestra, tal vez le habríamos hecho a él, o a otro, lo que él nos hizo a nosotros. Podemos repudiar y lamentar lo que nos hizo, o lo que les hizo a nuestros seres queridos, pero de algún modo somos capaces de distinguir entre la persona y la conducta. En suma, al aceptar nuestra vulnerabilidad, aceptamos la del perpetrador. Al aceptar nuestra humanidad, aceptamos la suya.

Cuando podemos aceptar nuestra humanidad y la del perpetrador, somos capaces de escribir una nueva historia en la que ya no somos víctimas, sino sobrevivientes, y hasta héroes. En esta historia nueva podemos aprender de lo ocurrido, y crecer gracias a ello. E incluso podemos servirnos de nuestro dolor para reducir el pesar y sufrimiento de los demás. Sabemos entonces que hemos sanado. Sanar no significa retroceder. No significa que lo que nos pasó no nos volverá a hacer sufrir nunca. No significa que jamás extrañaremos a quien perdimos o lo que nos fue arrebatado. Sanar significa que se ha restaurado nuestra dignidad y podemos seguir adelante.

¿Cuánto tiempo debe pasar para que perdonemos?

Ojalá pudiera contestar esta pregunta, pero nadie puede responderla por otro. A veces, para perdonar basta un periodo muy corto, de minutos, mientras que, otras, recorrer el camino cuádruple puede llevar años. Todo depende en gran medida de la naturaleza del agravio y la historia particular de la situación y la emoción. Nadie tiene derecho a decirte cuán rápido debes ejecutar este trayecto. Lo más que podemos decir es que el camino cuádruple espera a que estés preparado. En los capítulos siguientes estudiaremos cada uno de estos cuatro pasos vitales: contar la historia, nombrar la pena, conceder perdón y renovar o terminar la relación. Para quienes leen estas páginas porque necesitan ser perdonados, el capítulo 8 tocará los pasos complementarios de la necesidad del perdón de otro. Pero como dijimos desde el principio, todos los que hemos hecho daño también lo hemos recibido. Así pues, te recomendamos enfáticamente recorrer primero el camino cuádruple, para que busques en tu corazón el perdón que has de conceder a quienes te lastimaron. Mientras recorres este camino con la intención de perdonar, comprenderás mejor el regalo que solicitas y otorgas a otro cuando le pides que te perdone. Lo bueno de esta práctica, lo bueno de este camino, es que sanamos al perdonar tanto como al ser perdonados. Sanamos al perdonar a los demás tanto como al perdonarnos a nosotros mismos.

Cuando perdonas, sientes que un gran peso se te quitara de encima y estuvieras en libertad de olvidar el pasado y avanzar. Esto podría no desprenderse de un solo acto de gentileza o una simple sucesión de palabras, sino de un proceso de verdad y reconciliación.

Linda Biehl, madre de Amy Biehl, la becaria Fulbright que murió asesinada, cuenta que conoció a los homicidas de su hija, a quienes después invitó a trabajar en la Amy Biehl Foundation. "Ya los perdoné", dice. "Al despertar cada mañana, sé que mi hija está muerta. En cambio, cada mañana debo enfrentar a sus asesinos. Hay días en que tengo que perdonarlos de nuevo."

El camino cuádruple es una conversación que comienza con la decisión personal de sanar y ser libre, de buscar paz y crear una nueva historia. En medio de nuestro dolor y nuestra pérdida, tenemos que hacer frente a la decisión de qué camino seguir: el de la venganza o el de la reconciliación. Podemos optar por dañar o por sanar. No importa si hemos cargado mucho o poco tiempo con nuestro dolor. No importa si el otro está arrepentido o si no muestra remordimiento alguno. No importa si quien nos perjudicó no reconoce ni admite el daño que nos produjo. No importa si creemos que no ha pagado lo que nos hizo, porque, como ya dijimos, no decides perdonar por otro, sino por ti.

En la Comisión de la Verdad y la Reconciliación, vi a la gente optar una y otra vez por el camino del perdón en forma valerosa, noble e impactante. Todas esas víctimas habrían podido escoger el ciclo de la violencia y la represalia, pero prefirieron buscar la verdad, enfrentar su aflicción y reconocer su humanidad y la de los perpetradores que tanto daño les hicieron. Eligieron la difícil senda del perdón. Rara vez el perdón es fácil, pero siempre es posible.

¿Hay personas imperdonables?

¿Y la maldad?, podrías preguntar. ¿Acaso no hay individuos malos, verdaderos monstruos, más allá del perdón? Opino que existen actos malos y monstruosos, pero no personas monstruosas ni malas. Rebajar a alguien a la categoría de monstruo es negar su capacidad de cambio, lo mismo que su responsabilidad sobre sus actos y conducta. En enero de 2012, en Modimolle, ciudad agrícola de la provincia de Limpopo, Sudáfrica, Johan Kotze cometió actos de perversas y monstruosas proporciones. Tal fue el horror que causó que los periódicos y la gente lo llamaron el Monstruo de Modimolle.

Cuando leí su historia, me quedé atónito. Todos nos quedamos atónitos. Se dice que, a punta de pistola, Kotze obligó a tres labriegos a violar y mutilar a su esposa, de la que estaba separado. Luego la amarró y la obligó a ver y oír mientras mataba a tiros a su hijo. Kotze dijo haberse visto forzado a cometer estos horribles crímenes luego de ver a su esposa con otro hombre, lo cual lo enfureció y le hizo tomar el camino de la venganza.

Es indudable que esos actos fueron bárbaros y ruines, tan monstruosos que tenemos sobrada razón para condenarlos. Pero lo que más me sacudió mientras seguía la cobertura mediática de este caso fue la indignación puritana que llevó a los periodistas a calificar al señor Kotze de monstruo. En respuesta a ello escribí una carta al periódico *The Star*, en la que alegué que aunque quizá era cierto que él fuera culpable de actos inhumanos, horrendos y monstruosos, no lo era que fuese un monstruo. Llamarlo monstruo era de suyo una forma de justificarlo, porque los monstruos carecen de la noción del bien y el mal, y por tanto de responsabilidad y culpa moral. Agregué que esto se aplica de igual forma a todos los que nos gustaría considerar monstruos, y concluí diciendo que el señor Johan Kotze era sencillamente un hijo de Dios, capaz de volverse santo.

Esta carta disgustó a muchos. Pero el mundo está lleno de todo tipo de pecadores y criminales desalmados que han transformado su vida. En la tradición cristiana recordamos con frecuencia la historia del ladrón arrepentido que fue crucificado junto a Jesús. Era un hombre que había cometido crímenes castigables con la muerte. Jesús le prometió que, por arrepentirse, "este día estaremos juntos en el paraíso". Fue perdonado. La Biblia está llena de historias de personas imprudentes, inmorales y malhechoras que transformaron su vida y se hicieron santas. Pedro, el discípulo que traicionó una amistad y negó a Jesús —no una sino tres veces—, fue perdonado y se vio convertido en el líder de los apóstoles. Pablo, el perseguidor violento de los adeptos a la naciente fe cristiana, acabó sembrando comunidades cristianas en el mundo gentil.

Condenemos todo acto horrendo, pero nunca renunciemos a la esperanza de que los autores de los actos más atroces cambien. En muchos sentidos, ése fue el cimiento de nuestro proceso de verdad y reconciliación en Sudáfrica. En la CVR oímos historias espantosas, y hasta escalofriantes, pero presenciamos también actos de perdón extraordinarios en los que el perpetrador y la víctima se abrazaban en público. Creímos entonces, y yo sigo creyendo ahora, que la gente puede cambiar. Esto es no sólo posible; está en nuestra naturaleza... en todos y cada uno de nosotros.

En mi ruego al pueblo de Modimolle de dejar de llamar monstruo al señor Kotze, recurrí a mi fe cristiana para dar los ejemplos necesarios. Pero la capacidad de distinguir entre pecado y pecador no es asunto de religión ni de fe, como tampoco lo es el perdón. El ciclo del perdón es universal, no sectario. Obviamente, en la fe que Mpho y yo compartimos, nuestro modelo supremo de perdón es Jesucristo, que en la cruz fue capaz de pedir perdón para quienes lo torturaban y al final lo mataron. Sin embargo, el perdón no presupone fe. A algunos, la fe les facilita este proceso. Pero así como no perdonamos por otros, tampoco perdonamos por Dios.

Ya dije que, en iguales circunstancias, bajo las mismas presiones e influencias, yo pude haber sido un Hitler, o un Kotze. No creo que lo hubiera sido, aunque pudo ser. Pero tampoco creo que haya alguien más allá de la redención, cualquiera que haya sido su acto. Yo he comprobado que hasta en los seres más insólitos puede haber esperanza y bondad. Como hemos visto, perdonar no es condonar un acto. El perdón no libra a nadie de la responsabilidad de lo que hizo. No nulifica la responsabilidad. No es hacerse de la vista gorda ni poner la otra mejilla. No es otorgar derecho de impunidad ni decir que es correcto hacer algo monstruoso. Perdonar es comprender que todos somos inherentemente buenos e inherentemente imperfectos. En cada situación desesperada y en cada persona aparentemente irredimible está siempre la posibilidad de transformación.

Así que cuando me preguntan si hay personas imperdonables, mi respuesta es no. La crueldad y sufrimiento que he visto infligir injusta y despiadadamente a otros me ha partido mil veces el alma. Pero aun así sé, y creo, que el perdón se impone siempre, y que la reconciliación siempre es posible.

Mis palabras no son una mágica goma de borrar, capaz de hacer desaparecer todos nuestros males y sufrimientos. El perdón verdadero no es superficial ni simple. Es contemplar amplia y hondamente la realidad de una situación. Es un reporte honesto de actos y consecuencias. Es una conversación que no se acaba hasta que se acaba. Es un camino tan singular como las personas que deciden seguirlo. Mi camino no puede ser igual al tuyo. Pero la razón de que lo sigamos es la misma. Todos queremos vernos libres del dolor de vivir con un corazón roto e incomprensivo. Queremos librarnos de las emociones corrosivas que amenazan con consumir el amor y la dicha que residen en nosotros. Queremos ver sanar nuestras heridas. Sería maravilloso vivir en un mundo sin males, agravios, violencia ni crueldad. Yo no conozco ese mundo, pero lo creo posible. Dirás que deliro. Pero éstas no son las fantasías de un hombre de edad avanzada. Sé de corazón que la paz es posible. Sé que es posible en tu vida, y sé que es posible en la mía. Sé que es posible para nuestros hijos, nuestros nietos y las generaciones por venir. Pero también sé que esto sólo será posible si la paz comienza en cada uno de nosotros. La paz se construye con cada pequeño y grande acto de perdón.

No podemos andar el camino cuádruple con vergüenza y silencio. Después de todo, el primer paso de ese camino es contar nuestra historia. Este proceso no es apacible, ni siempre agradable. Exige una vulnerabilidad que, en el mejor de los casos, puede resultar incómoda. Voy a pedir mucho de ti, a veces más de lo que crees que puedes dar. Pero los dones y libertad que obtendrás a cambio rebasan toda medida.

Te invitamos a descargarte de tus pesares y a confiar en que no se te pedirá nada que no puedas dar. Al final, el perdón siempre vale la pena. Para llegar a esa meta, debemos dar el primer paso. Y el primer paso será contar tu verdad. Comenzaremos contando la historia.

Pero antes hagamos una pausa para escuchar lo que el corazón oye.

Tú has estado ya en esta encrucijada
y volverás a estar en ella otra vez;
si haces una pausa, podrás preguntarte
qué camino seguir.
Puedes huir de tu tristeza
y correr la carrera llamada venganza.
Andarás una y otra vez esa gastada pista,
o podrás admitir tu dolor
y seguir el camino que le pondrá fin.
En esta dirección reside la libertad, amigo mío.
Yo puedo mostrarte dónde han hecho hogar la redención y la esperanza,
pero no podrás desconocer tu angustia en tu camino allá.

Para encontrar el camino de la paz
tendrás que enfrentar tu dolor
y decir su nombre.

Resumen
Comprender el camino cuádruple

- Nada es imperdonable.
- Nadie está más allá de la redención, y juzgar monstruo a alguien es librarlo de la responsabilidad de sus actos.
- Siempre está en nuestra mano decidir si queremos recorrer el ciclo de la venganza o el del perdón.
- En el ciclo de la venganza rechazamos nuestro dolor y sufrimiento, y creemos que herir a quien nos hirió aliviará nuestro dolor.
- En el ciclo del perdón enfrentamos nuestro dolor y sufrimiento, y avanzamos a la aceptación y la curación recorriendo el camino cuádruple.
- Los pasos del camino cuádruple son: contar la historia, nombrar la pena, conceder perdón y renovar o terminar la relación.

MEDITACIÓN
Recorrer el camino

La imagen de abajo es un laberinto que puede cruzarse con un dedo, tomado del piso de la catedral de Chartres, Francia. Un laberinto dactilar se "recorre" trazando el camino con un dedo de la mano no dominante. La ventaja de un laberinto de este tipo es su accesibilidad. Puedes llevarlo contigo y usarlo en cualquier momento, en casi cualquier sitio.

1. En esta meditación establecerás tu propósito de mantenerte abierto al viaje del perdón antes de introducirte en el laberinto.

2. Mientras lo recorres, fíjate dónde te pierdes, dónde haces pausas, dónde enfrentas resistencias. ¿Qué sentiste o en qué pensaste en cada caso?

3. En el centro del laberinto, haz una pausa y pide una bendición.

4. Sigue el camino de salida.

5. Mientras sales del laberinto, detente a dar gracias por este momento de reflexión.

Puedes acudir a este laberinto cada vez que debas ordenar tus ideas en el camino cuádruple.

RITUAL DE LA PIEDRA
Marcar el camino

1. Toma tu piedra y dibuja cuatro veces su perímetro en tu diario, para producir cuatro círculos.

2. Escribe en cada uno el nombre de cada paso del camino cuádruple:
   a. Contar la historia
   b. Nombrar la pena
   c. Conceder perdón
   d. Renovar o terminar la relación

3. Escribe alrededor de cada círculo las resistencias que percibes mientras consideras recorrer el camino cuádruple.

4. Anota todo lo que te frena.

EJERCICIO DEL DIARIO

1. Si debieras perdonar, ¿cuál es el mejor resultado que esperarías?
2. ¿En qué cambiaría tu vida?
3. ¿En qué cambiarían tus relaciones, con quien te lastimó y con los demás?

PARTE 2

El camino cuádruple

4 Contar la historia

Hacía calor.

Durante el día, el Karoo —la enorme extensión semidesértica en el centro de Sudáfrica— es un horno. Cuando bajamos las ventanillas del coche, el aire entró a raudales, como desde una secadora en lo alto. Abrir las ventanas fue un acto de esperanza inútil. Estábamos bañados en sudor. Y exhaustos. En el asiento de atrás, los niños ya habían empezado a quejarse, algo aparentemente propio del calor y la fatiga. Llevábamos varias horas viajando, habiendo salido de casa, en Alice, en el Eastern Cape, antes del amanecer. Toda la familia —cuatro niños, Leah y yo— se había apiñado en una camioneta para su viaje a Suazilandia.

En la década de 1960, Sudáfrica se hallaba bajo el férreo imperio del *apartheid*. Ése era el motivo de nuestro viaje. Cuando el gobierno instituyó el sistema educativo bantú, de educación de mala calidad para los niños negros, Leah y yo dejamos la docencia en protesta. Juramos hacer cuanto pudiéramos para que nuestros hijos no se vieran sometidos al lavado de cerebro que pasaba por educación en Sudáfrica. Así, los inscribimos en escuelas de la vecina Suazilandia. Naomi comenzó el internado a la tierna edad de seis años. Debido a los tres años que pasamos en Inglaterra mientras yo estudiaba teología, Trevor y Thandi lo empezaron más grandes. Seis veces al año atravesábamos los casi cinco mil kilómetros entre Alice, en el Eastern Cape, y la casa de mis padres en Krugersdorp. Luego de pasar la noche con ellos, viajábamos cinco horas más hasta Suazilandia, llevábamos o recogíamos a los niños en sus escuelas y volvíamos a Krugersdorp para descansar antes del largo trayecto a casa. Por nada del mundo un hotel o posada hospedaba entonces a negros.

Ese día abrasador íbamos a dejar a los niños a la escuela. No era el viaje locuaz y feliz que hicimos cuando los recogimos. En estos trayectos a casa, los niños derrochaban júbilo y noticias, ante la emocionante perspectiva de las vacaciones. Éste era el viaje de regreso, y las ya cercanas despedidas arrojaban una tenue sombra sobre el ánimo de la familia. El calor añadía otra dimensión a nuestra desesperanza. De pronto vi al frente un letrero de "Walls Ice Cream" que nos subió la moral. Casi sentí el delicioso, dulce y frío alivio mientras nos estacionábamos junto a la tienda.

Bajamos del coche como pudimos. Yo empujé la puerta del pequeño establecimiento, que era también una versión local de tienda de comida para llevar.

El chico detrás de la caja registradora alzó la mirada. Agitó el pulgar. "A los kafires se les atiende en la ventanilla."

Vi la ventanilla en el muro, desde donde el contenido de la tienda era apenas visible. A ningún negro le estaba permitido pisar el sagrado recinto de esta tienda de pacotilla, salvo a las mujeres que trapeaban arrodilladas.

Me consumió la ira. La pena de la separación inminente de nuestros hijos, la frustración y fatiga del largo y sofocante viaje, la irritación por las quejas de los niños en el asiento trasero, ¡y ahora esto! Salí de la tienda dando un portazo.

"¡Regresen al auto!", grité. Mi familia se subió de nuevo al coche, dando tumbos, con arrugada cara de confusión, de vuelta al calor incontenible. Yo estaba furioso, y como tantos otros padres presa de frustración, perdí los estribos. Bajo mi cólera, sin embargo, ardía una herida fulgurante.

Aquél fue un incidente menor. Nada que hiciera estremecer el suelo. Nadie había sangrado. No murió nadie. Pero aun ahora, cuando cuento esta historia, recuerdo la intensidad y hondura con que sentí ese agravio. Fue un dolor punzante que venía a sumarse a todos los demás de nuestra vida diaria bajo el *apartheid*. Estábamos tan acostumbrados a esos incidentes que, en aquel momento, yo no reparé en que debía perdonar al chico de la caja registradora.

Las historias no siempre se cuentan de principio a fin. A veces ni siquiera sabemos que son historias. Sencillamente comenzamos a reunir las piezas, a dar sentido a nuestras experiencias. En el coche, yo quería que mis hijos entendieran lo que nos acababa de pasar, pero antes tenía que hacer frente a mi desesperación. Si las familias no comparten sus experiencias, cada uno de sus miembros se abandonará a su dolor y se sentirá solo y aislado. Esto sucede cada vez que aparece una crisis o crueldad, lo que exige dar sentido a lo que pasó.

Yo no quería que mis hijos se contaran a sí mismos la historia de supuesta inferioridad y desigualdad justificada que imperaba en esos remotos días. Así que les hablé de la dignidad, y de que sólo pueden quitárnosla si la cedemos. Este "momento instructivo" fue el modo en que también yo pude entender lo que nos acababa de ocurrir. Esa noche, habiendo dejado a los niños en la escuela, lo hablé con Leah. Ella había estado ahí y sabía qué había sucedido, por supuesto; pero en nuestras palabras compartidas volvimos a contarnos la historia, y al hacerlo aceptamos la realidad de lo acontecido.

Todos experimentamos dolor. Ésta es la parte ineludible del hecho de ser humanos. Agravio, ofensa, pérdida y daño son aspectos inevitables de nuestra vida. La psicología llama a esto "trauma", el que suele dejar cicatrices profundas en nuestro espíritu. Sin embargo, no es el trauma mismo lo que nos define. El significado que damos a nuestras experiencias es lo que define tanto lo que somos como aquello en lo que nos convertimos. Al salir de esa tienda, y aunque enojado, me negué a aceptar que se me catalogara como un ciudadano de segunda indigno de respeto.

Cada día corremos el riesgo de que nos lastimen; esto forma parte de vivir, amar y ser miembro de la familia humana. Sea intencional o no el daño, la herida es real. Quizá nos veamos objeto de mentiras, chismes y traición, o hasta de una agresión física. Alguien que amamos podría rechazarnos. Alguien en quien confiamos podría engañarnos. Alguien a quien consideramos amigo, o un desconocido, podría ofendernos. O tal vez estemos en el lugar equivocado y el momento incorrecto y seamos víctima de violencia casual o un accidente trágico. Nuestros seres queridos podrían resultar heridos, o muertos. En cualquier momento podemos sufrir un daño grave. No es justo. No lo merecemos.

Pero sucede.

Lo importante, sin embargo, es lo que hacemos después. Cada vez que se nos lastima, nos vemos en la encrucijada de tener que decidir entre seguir el camino del perdón y el de la represalia. Aun en medio de una rabia o cólera justificada, aun si el dolor y la aflicción nos ciegan, aun si nuestro sufrimiento parece inmenso e injusto, debemos tomar una decisión. Podemos optar por las represalias y exigir ojo por ojo, en la falsa creencia de que esto remediará el daño inicial o servirá de bálsamo a nuestras heridas. O podemos aceptar, admitir que debemos dejar de creer que podemos cambiar el pasado. El viaje a la aceptación comienza en el dolor y termina en la esperanza.

Si tú estás leyendo este libro es porque ya has tomado esa decisión y emprendido el camino. ¿Qué debes perdonar? ¿Cuál es la causa de tu dolor? ¿Cómo fuiste herido? Sea lo que sucedió, se quebró o perdió, sólo podrás repararlo y reencontrarlo contando qué pasó.

Por qué contar la historia

Contar la historia es la forma en que recuperamos nuestra dignidad luego de haber sido perjudicados. La forma en que empezamos a recobrar lo que se nos quitó, y en que comenzamos a entender y dar sentido a nuestro sufrimiento.

Los neurocientíficos sostienen que tenemos dos tipos de recuerdos, explícitos e implícitos. Cuando recordamos algo y sabemos qué pasó, formamos recuerdos *explícitos*: sabemos expresamente que recordamos algo. Esto es lo que la mayoría de nosotros entendemos por recuerdos. Pero los hay también de otro tipo. Cuando experimentamos algo de lo que no estamos conscientes, formamos recuerdos *implícitos*. En otras palabras, no nos damos cuenta de que recordamos algo. Cuando Nyaniso, la hija de Mpho, tenía cuatro años, fue atacada por un par de Dobermans, demasiado grandes para que su dueño pudiera controlarlos. Durante años, Nyaniso temblaba cada vez que se le acercaba un perro. No tenía el recuerdo explícito de haberse aterrado; tenía un recuerdo implícito que producía una reacción en ella. No fue hasta años después, al compartir historias familiares, que Nyaniso pudo transformar su recuerdo implícito en explícito. Pudo integrar sus recuerdos mediante el acto de contar su historia. Esto fue importante para que ella empezara a recuperarse del trauma. Lo mismo nos pasa a todos. Contar nuestra historia nos ayuda a integrar nuestros recuerdos implícitos y comenzar a recuperarnos de nuestros traumas.

Conocer nuestras historias y nuestra historia es vital a cualquier edad. Marshall Duke, psicólogo de la Emory University, ofreció explicaciones preliminares de la capacidad de recuperación de los niños en la década de 1990. Elaboró con un colega una encuesta de veinte preguntas llamada "¿Sabes?", que aplicó a niños para saber qué historias de su familia conocían. Resultó que entre más conocían ellos las historias de la historia de su familia —buenas, malas, feas—, mayor capacidad de recuperación tenían. Conocer las historias de su familia terminó por ser "la mejor predicción de salud y felicidad emocional de los chicos". Asimismo, al seguir a éstos tras los actos terroristas en Nueva York del 11 de septiembre de 2001, se halló que los ubicados más alto en la escala, que conocían mejor la historia de su familia —sus éxitos y fracasos—, registraron mayor capacidad de recuperación en momentos de trauma o estrés.[8] Estos chicos estaban en contacto con una historia más general de su vida, un panorama y contexto más amplios de quiénes eran ellos mismos.

Igual que esa escala de los niños del estudio, conocer y contar nuestra historia de agravios también predice nuestra futura salud y felicidad respecto a la recuperación de nuestros traumas. Cuando conocemos nuestra historia y damos sentido a lo que nos pasó, entramos en contacto con la historia general de nuestra vida y su significado. Nuestra capacidad de recuperación aumenta, somos aptos para manejar el estrés y sanamos. El neuropsiquiatra Dan Siegel explica que la mejor predicción del grado de apego de un niño a sus padres —del grado de relaciones positivas y afectuosas con ellos— es si éstos disponen de una historia clara y coherente de su vida y de los traumas que han experimentado. En otras palabras, si tú puedes hablar de tu vida y de las alegrías y tristezas que has experimentado —si conoces tu historia—, tienes más probabilidad de ser un padre inteligente. Tus traumas aún por sanar y perdonar no reaparecerán, como suelen hacerlo las experiencias de las que renegamos. Si no podemos buscar perdón y curación en nuestro beneficio, quizá podamos hacerlo en bien de nuestros hijos.

Pero ¿cómo podemos hacer esto? ¿Cómo contar nuestra historia?

Decir la verdad

La Comisión de la Verdad y la Reconciliación fue, antes que nada, una comisión de la verdad. Sin ésta, Sudáfrica no habría podido conciliar su pasado con su futuro. Lo mismo vale para ti y para mí. La verdad nos impide fingir que no pasó lo que pasó. Lo primero es, entonces, dejar oír la verdad en toda su crudeza, en toda su fealdad y en todo su desorden. Esto fue lo que hicimos en Sudáfrica, esto fue lo que yo hice al final de aquel lejano día en el Karoo y esto es lo que tú debes hacer respecto a lo que te pasó.

Comienza por los hechos

Referir los hechos de tu historia es el elemento más importante de este primer paso, en el que empezarás a recuperar lo que se te quitó. Contar tu historia es como volver a reunir las piezas del rompecabezas, un vacilante recuerdo tras otro. Al principio, tus recuerdos y tus hechos, dependiendo de cuál sea el trauma y cuándo ocurrió, podrían ser fragmentarios y difíciles de articular. Quizá no sigan un orden cronológico o no sean expuestos en forma lineal. Todo esto es comprensible. Lo es para Mpho cuando recuerda el día en que mataron a Angela:

La semana pasada fue el aniversario de la muerte de Angela. Las niñas y yo nos sentimos raras todo el día, sin saber por qué. Al final supimos cuál era la causa de nuestra inquietud —el aniversario de la muerte de Angela—, y nuestra tristeza se renovó y profundizó. Nyaniso en particular la ha pasado muy mal desde la muerte de Angela. Ésta fue hallada en la recámara de mi hija, pero, aparte, la semana pasada ella me contó que esa mañana discutieron. Fue una discusión absurda sobre si ya estaba listo el uniforme escolar de Nyaniso, pero terminaron enojadas. Yo no lo supe hasta ahora, un año más tarde. Apenas me estoy enterando de eso. Aun un año después seguimos llenando los huecos de la historia. Quizá nunca conozcamos algunas piezas, como la de qué pasó exactamente ese día. Lo único que sé es que perdimos muchas cosas.

Aquélla fue una mañana como todas, yo casi volando por la casa mientras juntaba cosas para que las niñas se fueran a la escuela. Angela parecía llevarme siempre medio paso de ventaja. Sabía manejar el mal humor matutino de Onalenna y encarrilar con dulzura su día, habilidad que yo no tengo. Por alguna razón, recuerdo que esa mañana me maquillé en la cocina y salí corriendo. Angela solía perseguirme en ese momento, para saber qué haría de cenar, pero no creo que lo haya hecho esa mañana. En sus primeros meses con nosotros, yo le explicaba paso a paso cómo hacer un guiso, pero para entonces ya no era necesario, y me bastaba con darle el menú para que ella supiera qué hacer.

Ese día, por alguna razón, tuve que volver a casa luego de llevar a las niñas a la escuela. Angela estaba lavando los trastes cuando llegué. No me dijo nada ni señaló que pasara algo, aunque recuerdo que tenía una mirada extraña. Le pregunté si todo estaba bien y me dijo que sí.

Esa tarde Onalenna tenía clase de natación y yo debía quedarme en la ciudad, así que le pedí a mi cuñado, Mthunzi, que fuera a recogerla a la escuela y la llevara a casa, donde se quedaría con Angela hasta la hora de la clase. Cuando Mthunzi llegó a mi casa, me llamó y me dijo que no le abrían. (La puerta de seguridad se opera desde dentro.) Esto me enfadó un poco. Angela sabía bien que, después de las dos, las niñas podían llegar a casa a cualquier hora, así que siempre estaba ahí, y siempre me llamaba si iba a salir de la casa más de cinco minutos. Era extraño que no abriera, lo que no presagiaba nada bueno. Llamé a la casa, pero fue en vano; tampoco me contestó en su celular. Nada de esto era normal. Le pedí a Mthunzi que trajera a Onalenna a mi oficina. En la tarde llamé a casa una y otra vez, sin obtener respuesta. Me pareció muy raro, y hasta increíble, no poder localizar a Angela. Como había pedido a mi mamá que llevara a Onalenna a su clase, de camino a su casa para dejar a mi hija decidí pasar a la mía para saber qué pasaba. Las cosas no lucían nada bien. La puerta de la cochera no abría. La puerta trasera estaba abierta, como nunca. Así, preferí irme y dejar a mi hija con mi mamá. Sabía que, hallara lo que hallase en la casa, no quería a Onalenna a mi lado.

Llamé a Mthunzi y le dije: "Hay algo raro en la casa". Le pedí que nos viéramos allá. Llegamos juntos, y entramos por la puerta principal. Una vez dentro, supe al instante que algo había pasado. La cama de Angela estaba destendida, lo cual era inusual a esa hora. Enfilamos hacia las recámaras. Al pasar por mi cuarto, vi que mi bolsa de maquillaje, que esa mañana había dejado en la cocina, estaba sobre mi cama. Por absurdo que parezca, esto me hizo saber con toda certeza que había pasado algo horrible. Angela era muy especial, y jamás ponía nada sobre una cama recién tendida, mucho menos mi bolsa de maquillaje, llena de polvos que podían ensuciar la colcha. Al dar vuelta en el pasillo, lo noté inusualmente *oscuro, y que la puerta de la recámara de Nyaniso estaba cerrada. Angela siempre dejaba abiertas las puertas de las recámaras después de asearlas, y ya era demasiado tarde para que no hubiera limpiado aún. Le dije a Mthunzi que eso no estaba nada bien. Él abrió la puerta del cuarto de Nyaniso, y entonces la vi.*

Estaba tirada en el suelo.

Había mucha sangre.

Le pedí a Mthunzi que viera si tenía pulso. Dijo que no lo creía.

Justo en ese momento llegó la brigada criminal del barrio, que nos pidió retirarnos. Mi casa era ya una escena de crimen. No lo supe entonces, pero jamás podríamos volver a llamarla hogar.

Los recuerdos de Mpho son claros y explícitos. Recuerda incluso detalles aparentemente inconexos, como su bolsa de maquillaje, la mirada de Angela cuando volvió a casa, la certeza de que esa tarde había pasado algo y su instinto de proteger a Onalenna de lo que fuera. Su historia contiene mucho más que meros hechos, pero ella debe comenzar por relatarlos. Hasta los pequeños detalles pueden ser importantes. Son hilos con los que damos sentido a lo que pasó. Cuenta tu historia tal como la recuerdas.

El costo de no contar

Aun si racionalmente sé que es a través de mi narración que comenzaré a recuperarme de mi trauma, en lo emocional no siempre es fácil dar el primer paso. Ésta puede ser una tarea arriesgada. Se corre el peligro de nuevas heridas, de que no se crean o no se conceda validez a nuestras palabras. Pero si nos guardamos nuestra historia, la herida inicial podría agravarse. Si guardo mis secretos e historias por vergüenza, temor o silencio, permaneceré atado a mi victimación y mi trauma. Si Mpho no hubiera contado nunca lo que pasó aquel día, habría seguido a merced de esa experiencia trágica.

Contar tu historia no siempre es fácil, pero es el crítico primer paso en el camino a la libertad y el perdón. Confirmamos esto palpablemente en la CVR, cuando víctimas del *apartheid* fueron capaces de contar su historia. Para ellas fue un alivio saber que disponían de un lugar seguro y alentador donde compartir sus experiencias. Esto las liberó también de la victimación que seguían sufriendo, por creer que nadie sabría nunca lo que habían soportado ni creería su historia. Cuando cuentas lo que te pasó, ya no tienes que llevar solo tu carga.

Un joven de escasos treinta años, al que llamaremos Jeffrey, soporta desde los doce una historia inexpresada. Corpulento, imponente y de voz grave, cuando habla de lo que le pasó hace casi dos décadas parece otra vez un niño, triste, perdido y solo. Un entrenador —un hombre al que la mamá de Jeffrey, madre soltera, le pidió que fuera mentor y modelo de su hijo— abusó sexualmente de él en un evento deportivo después de clases. Jeffrey no se lo dijo nunca a su madre, ni a nadie más, por temor a avergonzar a su familia, lastimar a su madre o descubrir que, habiendo hecho algo malo, él mismo había causado que el entrenador hiciera lo que hizo. Incapaz de hablar, se volvió un adolescente colérico y huraño que no confiaba en nadie, menos aún si eran adultos. Abandonó sus actividades vespertinas y se alejó del entrenador lo más que pudo. Cuando se encontraban, éste actuaba como si nada hubiera pasado, lo que hacía que Jeffrey cuestionara su cordura. Él describe su vida en términos de "antes" y "después". Antes de ese suceso, había sido un chico feliz, seguro de sí, ilusionado con el futuro y con lo que podía llegar a ser. Después del incidente, el mundo se le volvió inhóspito e inseguro. No fue hasta que se enamoró de una mujer que se atrevió a contar su historia. Ella, con quien se casaría más tarde, lo animó a perdonar a su entrenador. Le dijo que, por no perdonarlo, había permitido que siguiera abusando de él durante casi dos décadas.

Jeffrey tuvo que esperar muchos años para hallar a alguien que le inspirara la confianza necesaria para contar su historia: "Desperdicié gran parte de mi vida sintiéndome humillado, avergonzado y culpable, que había hecho algo malo. Cuando le conté a Eliza [nombre ficticio] lo que me pasó, temí que la imagen que ella tenía de mí cambiara, que ella me rechazara y dejara de quererme. Eran ideas de un chico de doce años, no de un hombre de treinta". Traumas como el de Jeffrey pueden mantenernos atrapados en momentos dolorosos de nuestra vida, y limitarnos de incontables maneras. El camino del perdón nos hace regresar a esos momentos, para recuperar las partes de nosotros a las que hemos renunciado. Al contar su historia a su esposa, Jeffrey pudo dar marcha atrás, gracias al apoyo de ella, y liberar al niño de doce años que no había hecho nada malo.

Una vez que Jeffrey pudo contar su historia, dijo que se le había quitado un peso de encima. Sintió que podía respirar hondo por primera vez en años. Luego contó su historia a otras personas, primero a su madre y después a otros hombres que también habían sufrido vergüenza en silencio tras haber sido objeto de abusos sexuales. "Revelar mi secreto no volvió todo color de rosa ni me hizo feliz para siempre", dice. "Pero me ayudó a ver que yo había tenido siempre la llave para salir del calabozo en el que viví encerrado años enteros. Yo había sido muy duro conmigo al respecto, y lamenté haber desperdiciado tanto tiempo. En cuanto me uní a un grupo de sobrevivientes y oí sus historias y compartí la mía, las cosas mejoraron. Cada vez que hablaba, me era más fácil hacerlo. Pude ayudar a otros en casos similares, y entre más compasión sentía por su experiencia, más la sentía también por mí a los doce años de edad. Es difícil de explicar, pero acabé aceptando lo que me ocurrió, porque me dio empatía y me permitió ayudar a personas a las que de otra manera quizá no habría ayudado."

Como veremos y examinaremos en capítulos posteriores, esa aceptación y reconocimiento de los dones ocultos que puede brindar el sufrimiento es parte destacada de la curación y el perdón.

Decidir a quién contárselo

Una de las decisiones más importantes por tomar es a quién contar tu historia. Lo ideal, como nos ocurrió en la CVR, es que puedas contarla a quien te perjudicó. Pararte frente a quien abusó de ti, sostener tu verdad y describir cómo te lastimó constituye un hondo reclamo de dignidad y fuerza. Creo que ésta es la forma más rápida de hallar paz, lo mismo que voluntad de perdonar, aunque aplicarla no siempre es posible, ni práctico. Para que dé resultado, el perpetrador tiene que ser receptivo, y tú debes estar seguro de que no volverá a lastimarte. Sería ideal que él mostrara remordimiento, te pidiera perdón y estuviese dispuesto a saber del dolor que te causó oyendo tu historia. En la CVR no permitimos interrogatorios ni cuestionamientos sobre la historia relatada. Todos debían poder compartir su dolor, pérdida, ira, aflicción o trauma en un lugar seguro y alentador. Muchas víctimas tenían preguntas sobre cómo habían muerto sus seres queridos, y necesitaban respuestas para poder seguir adelante y recuperarse. Tal fue el caso de la familia de Angela, como lo es también de muchos otros que pierden a seres queridos en actos violentos. Aquellas personas tenían que conocer los hechos para poder aceptar lo sucedido. Algunas necesitaban saber cómo exactamente habían perdido la vida sus seres queridos, si habían sufrido y por qué los perpetradores habían actuado de esa manera. Sólo una vez respondidas las preguntas del pasado ellas podían acometer el futuro. Mpho me ha dicho que jamás olvidará el grito de extrema desesperación de la hermana y la madre de Angela cuando les comunicó su muerte. Hicieron muchas preguntas, no todas las cuales Mpho pudo responder.

En el modelo ideal del perdón ocurre un intercambio de historias, y si esto se hace con total honestidad y sin intentos de justificación o racionalización de parte del perpetrador, puede haber un alto grado de comprensión y recuperación entre ambas personas. Pero aun si te es posible hablar directamente con el sujeto al que deseas perdonar, quizá sería mejor que primero contaras tu historia a otros, trátese de un familiar o amigo. O bien, podrías recurrir a tu líder religioso, terapeuta, o directamente a Dios. En tanto la persona a la que cuentes tu historia sea comprensiva, empática y digna de confianza, avanzarás en el proceso del perdón y te beneficiarás de este paso del camino cuádruple.

Más allá de que la cuentes a quien te agravió o a un sustituto, lo importante de este primer paso es simplemente que cuentes tu historia y admitas el daño sufrido. Si no confías en nadie, escribe tu historia en una carta dirigida a quien te agravió, aun si no se la envías. Cuando decimos la verdad sobre nuestra herida y pérdida, disminuimos el poder que ésta ejerce sobre nosotros.

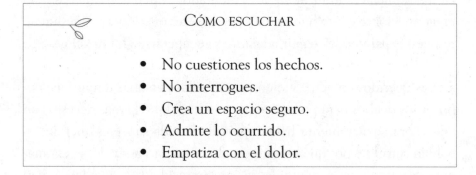

CÓMO ESCUCHAR

- No cuestiones los hechos.
- No interrogues.
- Crea un espacio seguro.
- Admite lo ocurrido.
- Empatiza con el dolor.

Es importante advertir que contar la historia no es un acto de una sola vez ni un hecho limitado. Es, en cambio, un proceso continuo dentro del proceso en desarrollo del perdón y la curación. La historia que Mpho contó en los días posteriores a la muerte de Angela no es la misma que contaría un año después. Nuestra historia evoluciona junto con nuestro juicio, aceptación y dotación de sentido a los hechos. Entre mejor comprendes tu historia y más avanzas en los pasos del camino cuádruple, es más probable que tu encuentro con el perpetrador contribuya a tu curación, y a la renovación, o remate, de la relación.

Contar la historia directamente al perpetrador

Si decides hablar con quien te hizo daño, no pierdas de vista la delicadeza del asunto. Si esto no se hace con cuidado, las cosas podrían empeorar. En la sociedad moderna no entendemos el perdón, y disponemos de pocos rituales alusivos. La gente suele sentirse atacada o ponerse a la defensiva cuando se le confronta. La mente humana es muy hábil para justificar sus acciones. Ningún villano se ha concebido nunca como tal. Hitler, Stalin y todos los terroristas y asesinos seriales: cada quien tiene una razón para justificar sus actos. El ladrón que golpea a la anciana en la cabeza para robarle su bolsa no podría mover siquiera la mano si no creyera —al menos en ese momento— que hace lo correcto. Para entender a un enemigo, nada mejor que comprender que, desde su perspectiva, él no es un villano, sino un héroe.

Nada garantiza que quien te lastimó reconozca que hizo algo malo, pero hay formas de aumentar la probabilidad de que contar la historia produzca soluciones antes que conflictos. Si te es posible, empieza por confirmar tu relación con esa persona y su importancia para ti. ¿Qué significa ella para ti? ¿Cómo te ha ayudado, y no sólo perjudicado? Nuestras relaciones no suelen ser unidimensionales, sobre todo con nuestros íntimos. Mi padre podía ser grosero y abusivo, pero también gracioso, simpático y amable. Si puedes hacer ver a esa persona que notas su bondad, no se empeñará tanto en defenderse.

De ser posible, muestra empatía con lo que empujó a actuar al perpetrador. La empatía es contagiosa. Si empatizas con quien te agravió, es muy probable (aunque no seguro) que él empatice contigo. Solemos concebir a la gente como aislada, y a sus actos como mero producto de su libre albedrío, cuando la verdad es que somos interdependientes. Estamos insertos en redes sociales que afectan nuestras decisiones y conducta. En Sudáfrica, el ambiente político alentaba no sólo la violencia política, sino también la social, y hasta la familiar. Como madre, Mpho conoce muy bien el poder sobre su hija adolescente de la presión de sus amigas, cuyas actitudes y opiniones moldean a veces mejores decisiones de aquélla. En ocasiones esta influencia ha sido menos benigna, pero no menos reconocible. Nadie es una isla, así que percibir nuestras interrelaciones nos permite entender más compasivamente los actos de los demás.

NOTA

Si estás dispuesto a hablar directamente con quien te agravió pero no es posible, práctico o seguro que le cuentes tu historia en persona, escríbele una carta. Cuenta en ella tu historia, aun si después no puedes o quieres enviarla. Te sentirás mejor de todas formas.

Contar la historia públicamente

"Al principio no parecía que habláramos", dice Lynn Wagner. "Era como si tropezáramos en la oscuridad, preguntándonos quién había apagado la luz y con qué chocaríamos ahora. A veces parecía que gritábamos, aunque no había nadie a quien gritarle. En cierto momento nos acompañaba alguien, pero al siguiente ya se había ido. Ni siquiera podíamos despedirnos."

Lynn Wagner y su esposo, Dan, perdieron a sus dos hijas adolescentes al chocar con una conductora ebria. Ahora narran su historia en iglesias, universidades y ante grupos de delincuentes en la cárcel de su localidad. Pero antes de poder contar su historia públicamente, la relataron a sus familiares y amigos, justo como Dan Wagner la narra aquí:

> Lynn, yo y nuestras dos hijas adolescentes, Mandie y Carrie, asistimos a un evento evangélico sabatino, con veinte mil personas más. Lynn se nos adelantó para participar en una sesión de oración, y las niñas y yo la alcanzamos más tarde.
>
> Al retirarnos esa noche del Beachfest, nos encaminamos a nuestro auto, estacionado en un barrio pacífico cerca de la playa. Siempre lo dejábamos ahí cuando íbamos al malecón. Subimos por Cayuga Street hacia Broadway en dirección a casa, en el área de Live Oak. Una señora ebria, y que también había consumido cocaína y metanfetaminas, acababa de pasar a recoger a sus dos hijos con la niñera y manejaba una Suburban por Windsor Street hacia Cayuga, a casi ochenta kilómetros por hora. Tras ignorar una señal de alto, se estrelló contra el lado izquierdo de nuestra miniván. El impacto nos lanzó contra un poste de luz y hasta el jardín de un vecino.
>
> Ni Lynn ni yo recordamos el accidente, y apenas siquiera ese

día. Despertamos en el Dominican Hospital, ella el domingo en la mañana y yo el lunes. Lynn tenía tres costillas fracturadas y la pelvis rota en dos puntos, lo que le impidió apoyar la pierna seis semanas. Yo no tenía fracturas, pero se me desgarró un cartílago del pecho, sufrí un esguince en el cóccix y una lesión en el cuello, y los cristales se me incrustaron en la cara y el codo, y tuvieron que retirármelos. Ambos sufrimos conmoción cerebral.

El pastor asegura que, tan pronto como parecí recobrar el conocimiento, él mismo me dijo lo que había pasado, pero yo no me acuerdo. Me enteré de lo ocurrido cuando alguien que me visitaba en el hospital dijo lamentar mi pérdida. Yo pregunté: "¿Cuál pérdida?". Entonces me dijeron que había perdido a mis hijas. Recuerdo haber dado la noticia a otros visitantes como si se tratara de un marcador de beisbol; es increíble lo que un shock puede hacer con tus emociones.

Mi mamá y mi papá, quienes viven en Oregon, recibieron una llamada la noche del accidente, y viajaron de inmediato para reunirse con nosotros. Usaron la llave que les dimos para entrar a nuestra casa y luego se dirigieron al hospital. Recuerdo el consuelo que sentí al verlos cuando me llevaron en una cama rodante al cuarto de Lynn. Mi papá me dijo que lo primero que hizo cuando me vio fue tocarme las piernas, para saber si aún estaban ahí.

Me dieron de alta el jueves, pero a Lynn la mandaron a terapia intensiva, en el antiguo edificio del Santa Cruz Community Hospital, donde Mandie y Carrie nacieron.

Tras contar su historia a sus allegados, Dan y Lynn decidieron que, para sanar, también debían contársela a Lisa, la señora con la que chocaron. Decidieron asimismo que, si querían seguir viviendo y contemplar un futuro de paz y alegría, tendrían que hallar la manera de perdonarla. Comenzaron a escribirle cuando ella seguía en la cárcel, y les contestó. Hoy, cuando la cuentan públicamente, su historia incluye la de Lisa. De hecho, ya liberada, ella los acompaña a sus charlas con grupos. Los tres cuentan juntos su historia. Es comprensible que resulte difícil imaginar un perdón que te permita relacionarte con el responsable de la muerte de tus hijos. En el caso de los Wagner, esto no se logró fácil ni rápidamente, pero tal es el milagro del perdón.

No te preocupes demasiado por cómo o dónde contar tu historia. Para sanar, lo que importa es que la cuentes. Quizá descubras que ella cambia al paso del tiempo, mientras avanzas por el proceso del perdón. Cambiará a medida que ahondes tu comprensión del agravio que experimentaste, y de quienes te lo infligieron. Las personas que han decidido contar públicamente su historia obtienen enorme consuelo al hacerlo. Nosotros lo comprobamos en la CVR, y lo vemos en todo el mundo en foros públicos y páginas de internet donde la gente comparte historias de pérdida, perdón y reconciliación. Leer cómo recorren otros el difícil camino del perdón puede resultar muy curativo.

 PÁGINAS EN INTERNET DE HISTORIAS DE PERDÓN

www.theforgivenessproject.com
www.forgivenessfoundation.org
www.projectforgive.com

Quizá debamos contar nuestra historia muchas veces, a muchas personas y de muchas maneras antes de estar listos para avanzar en el proceso del perdón. Tal vez descubramos igualmente que el solo hecho de contarla nos quita un gran peso de encima. Al contar nuestra historia, practicamos una forma de aceptación. Decimos: "Este horror ocurrió de verdad. No puedo cambiar el pasado, pero sí puedo negarme a seguir atrapado en él". Hemos llegado a la aceptación cuando al fin reconocemos que pagar con la misma moneda no nos hará sentir mejor ni reparará el daño. Para citar a la actriz Lily Tomlin, "perdonar es renunciar a toda esperanza de un pasado mejor".

Mpho ha decidido contar su historia de la muerte de Angela y su viaje por el camino cuádruple del perdón. Este viaje no es fácil para nadie, y contar la historia es sólo el principio. Así pues, debemos ir más allá de los hechos, para llegar a los sentimientos que el agravio nos produjo. Tienes que contar tu historia, pero no estancarte en ella. Importa no sólo lo que nos sucedió, sino también la forma en que fuimos lastimados por ello. En el capítulo siguiente hallaremos maneras de nombrar esta pena.

Pero antes hagamos una pausa para escuchar lo que el corazón oye.

¿A quién contaré mi historia?
¿Quién oirá mi verdad?
¿Quién podrá abrir el espacio que mis palabras desean llenar?
¿Quién mantendrá abierto ese espacio para palabras que tropiezan
con aristas cortantes
y palabras que se tambalean en el mundo,
inseguras de ser bienvenidas?
¿Tú puedes conservar abierto ese espacio para mí?
¿Mantener a raya tus preguntas, sugerencias y juicios?
¿Esperar conmigo las verdades ocultas detrás de mi
tristeza, miedo, olvido y dolor?
¿Puedes simplemente mantener abierto un espacio para que yo pueda contar
mi historia?

RESUMEN

Contar la historia

- Di la verdad.
- Comienza por los hechos.
- Cuenta primero tu historia a un amigo, ser querido o persona de tu confianza.
- Considera la posibilidad de contar tu historia a quien te hizo daño, o de escribirle una carta.
- Acepta que lo que pasó, sea lo que fuere, no puede cambiarse ni remediarse.

MEDITACIÓN

La caja de los pesares

Si lo deseas, cúbrete con el manto de seguridad que generaste en el capítulo 2.

1. *Crea un espacio seguro.* Piensa en un espacio seguro, real o imaginario. Velo en toda su extensión y habítalo. ¿Está bajo techo o a la intemperie? ¿Es un gran espacio descubierto o un lugar íntimo? ¿A qué huele? ¿Qué sensación deja el aire en tu piel? ¿Qué ruidos oyes? ¿Música? ¿Una hoguera chirriante? ¿Canto de aves? ¿Un arroyo rumoroso o una fuente? ¿Olas del mar? ¿El murmullo apagado de hierba mecida por la brisa? Es un lugar incitante, en el que sentarse cómodamente. Relájate en él. Es tu lugar seguro.

2. *Alguien te llama*. Quien lo hace habla con voz cordial, grata y afectuosa. Cuando estés listo, recibe a esa persona en tu lugar seguro. Repara en que su presencia te hace sentir más seguro y protegido. ¿Quién es tal acompañante? ¿Un ser querido, un amigo, una figura espiritual? ¿Alguien que te acepta y estimula, y de tu entera confianza?

3. *Entre tu acompañante y tú está una caja abierta*. Mírala. Es tan pequeña y ligera que la puedes cargar. Fíjate en su tamaño, forma y textura. ¿Qué tiene esta caja de particular? Cuenta a tu acompañante la historia de la pena que soportas. Di la verdad de cómo se te hirió, desdeñó, menospreció, avergonzó o desestimó, lo más detalladamente que puedas. Mientras hablas, ve manar de ti tu dolor y tus palabras como un río. Mira el río vaciarse en la caja abierta. No dejes nada sin contar. Tu acompañante tiene todo el tiempo del mundo para escucharte. En este momento, lo único que quiere hacer es estar contigo hasta que acabes de hablar. Cuando lo hayas dicho todo, cierra la caja de los pesares.

4. *Pon la caja en tus piernas*. Siéntate con ella en las rodillas. Cuando estés listo, tiéndela a tu acompañante de confianza. Ten por cierto que tu caja está en buenas manos. No tienes por qué seguir cargando esas penas.

5. *Cuando estés listo, abandona tu lugar seguro*. Debes saber que tu acompañante de confianza se llevará tu caja de pesares, pero que te la devolverá si llegaras a necesitarla.

RITUAL DE LA PIEDRA
Murmurar a la piedra

1. Habiendo imaginado que cuentas tu historia a tu caja de pesares, es momento de dar voz a lo que te pasó. La palabra hablada es muy poderosa.
2. Toma tu piedra y cuéntale tu historia lo más detalladamente posible. Recuerda decir la verdad, como la recuerdas. Hablarle a la piedra puede ser un modo emocionalmente inofensivo de prepararte para contar tu historia a una persona.

EJERCICIO DEL DIARIO

1. Abre tu diario y escribe tu historia. Llena todas las páginas que necesites.
2. Escribir es una forma muy eficaz de contar tu historia. Mientras lo haces, es probable que recuerdes detalles que olvidaste al contarla de viva voz.
3. Si te hace sentir mejor o más seguro, lee lo que escribiste a una persona que aprecias y en la que confíes.
4. Más tarde podrías optar por leer o enviar tu texto al perpetrador, pero te invitamos a concluir primero el camino cuádruple. Contar la historia es apenas el principio.

5 Nombrar la pena

"**¿Qué clase de madre soy** para que mi hija sufra tanto? Y no una vez, sino dos. ¡Me da mucho coraje! Me siento tan incapaz, tan humillada y avergonzada." Palabras y sentimientos manaban a torrentes de aquella mujer mientras Mpho escuchaba.

Mpho había sido llamada al hospital por el ginecólogo de guardia. Era la segunda vez en menos de un año que él atendía a la hija, de ocho años de edad, de esa mujer. La última vez, y pese a los indicios de abuso sexual, el caso de la niña no prosperó. El fiscal se negó a presentar cargos contra el hombre al que ella había acusado.

Esta vez fue distinto. La madre halló manchas de sangre en la ropa interior de su hija. La llevó a la policía, y después al hospital. Conducidas a su colonia en una patrulla, desde la seguridad de ésta la niña señaló al vecino que abusaba de ella y la atormentaba: "Si dices algo, mataré a tus papás, tu hermana y tu hermanito", le decía. Esta vez se le dieron seguridades de que nadie moriría y de que aquel bribón sería atrapado. No fue necesario que ella inventara a un perpetrador. Dijo la verdad. Y la dijo una y otra vez, a su madre, a la policía y al médico.

Mientras ella contaba su historia, revelaba sus sentimientos y nombraba su miedo y dolor, su madre escuchaba en angustiado silencio.

Cuando Mpho fue llamada al hospital, la pequeña ya había repetido su historia varias veces. Francamente, ya estaba harta.

Al llegar al hospital, Mpho estaba algo agobiada. No pudo encontrar quién se quedara con Nyaniso, su hija, de entonces cinco años de edad. Así que, como buena mamá, tuvo que empacar golosinas y distracciones para llevar consigo a su hija a su llamado pastoral.

La niña era muy pequeña para su edad. Ella y Nyaniso, alta para la suya, eran casi de la misma estatura. Por una vez, la falta de niñeras fue una bendición. La chiquilla estaba harta de contar su historia; lo único que quería era acabar con aquello y pasar al muy importante asunto de jugar. Nyaniso cubrió a la perfección el papel de compañera de juegos. Y gracias a que las niñas se ocuparon, las madres pudieron hablar.

Mientras la madre contaba la historia, su rostro dejaba ver claramente su sufrimiento. En ese instante, en una efusión de palabras de angustia, ella necesitaba nombrar su pena.

Cada uno de nosotros tiene una historia afrentosa que contar. Y una vez que la contamos —los detalles técnicos de quién, cuándo, dónde y qué nos hicieron—, tenemos que nombrar la pena. Dar nombre a nuestras emociones es la forma en que podemos entender cómo nos afectó lo ocurrido. Tras relatar los hechos, debemos hacer frente a nuestros sentimientos. A cada uno se nos lastima de diferente manera, y cuando damos voz a este dolor, comenzamos a disiparlo.

Cuando empezamos a sanar, nuestra relación con nuestra historia se relaja, y podemos decidir cuándo y dónde compartirla. Pero mientras no se inicie la curación, podemos vernos repitiendo automáticamente nuestra historia —o partes de ella— a todo el mundo, sin importar la persona ni la situación. Muchos hemos visto a personas que se repiten en voz alta su historia una y otra vez. Están estancadas en su trauma, y se vuelven literalmente locas a causa de su incapacidad para superar lo que les pasó. Curar el recuerdo requiere el cuidadoso ensamble de las piezas de la experiencia, pero una vez que sabemos qué sucedió, debemos pasar de los meros hechos a los crudos sentimientos. Y aunque nos resistamos a enfrentar la verdad de nuestros sentimientos o la hondura de nuestro dolor, ésta es la única manera en que podemos recuperarnos y seguir adelante. Durante el *apartheid*, mi querido amigo el padre Michael Lapsley fue víctima de una carta bomba que lo dejó sin ambas manos y sin vista en un ojo. Él ha dedicado su vida a enseñar a sanar contando historias. Sabe por experiencia propia que, en respuesta al trauma, el perdón es indispensable. El padre Lapsley nos recuerda la importancia de confrontar y suavizar la cruda realidad de nuestras emociones. En sus propias palabras, "no podemos deshacernos de sentimientos que no hemos admitido".

Damos voz a nuestras penas no para hacernos los mártires, sino para librarnos del rencor, la cólera, la vergüenza o el desprecio por nosotros mismos, el cual puede ulcerarse y acumularse en nuestro interior cuando no tocamos nuestro agravio ni aprendemos a perdonar.

¿Por qué debemos nombrar la pena?

A menudo parece más fácil o seguro ignorar una herida, olvidarla, dejarla de lado, pretender que no ocurrió o racionalizarla, diciéndonos que no deberíamos sentirnos así. Pero una pena es una pena. Una pérdida es una pérdida. Y un agravio sentido pero negado siempre encontrará la forma de expresarse. Cuando escondo mi dolor bajo la vergüenza o el silencio, comenzará a ulcerarse hasta volverse evidente. Lo sentiré más intensamente aún, y sufriré más por eso. Los expedientes de los tribunales de divorcios ilustran este caso con lamentable frecuencia. Hay matrimonios que se desmoronan bajo el peso de rencores callados y heridas no reconocidas. Cuando ignoramos el dolor, no hacemos sino permitirle crecer; y al igual que un absceso nunca extraído, reventará al final. Cuando esto sucede, el dolor puede alcanzar todas las áreas de nuestra vida: salud, familia, trabajo, amistades y fe, y hasta nuestra capacidad para gozar puede resentirse por efecto de rencores, congojas y enojos nunca nombrados.

Así pues, debemos ser valientes y nombrar las penas que nos avergüenzan o ahogan. Cuando nuestra dignidad es atropellada, de nada sirve que ocultemos ese agravio en el clóset de nuestro pasado repudiable. No tenemos por qué sucumbir a la tentación de responder a ese atropello tomando represalias. La única forma de curar esta herida es dar voz a lo que nos tortura. Sólo de este modo impediremos que nuestro dolor y nuestra pérdida arraiguen en nosotros. Sólo así tendremos la oportunidad de liberarnos.

Debemos hacer todo lo posible por arrancar de raíz nuestro dolor, pues de lo contrario continuaremos atados a él. Y la única manera de acceder a esa raíz es con la verdad. Suele decirse que estamos tan enfermos como los secretos que guardamos. Con frecuencia, un daño se agrava por nuestra vergüenza y silencio de lo que sufrimos. Esto se aplica en particular a los sobrevivientes de violación, incesto y otro tipo de abusos sexuales. En todo el mundo se dice a las mujeres que ellas tienen la culpa de que se les agreda o viole. Igualmente, hay menores de edad a los que se les obliga a mantener secretos de adultos. La niña cuya historia abrió este capítulo es uno de ellos. Ella pudo haber crecido creyéndose responsable o merecedora del atropello y maltrato que sufrió. Por fortuna, su experiencia fue distinta. Es probable que de niños no seamos capaces de nombrar los daños que experimentamos, pero de adultos debemos dar nombre a todo abuso que perviva en nosotros. No somos responsables de lo que nos destrozó, pero sí podemos serlo de la reunión de nuestras piezas. Nombrar la pena nos permite empezar a reparar nuestro quebranto.

¿Cuándo se debe nombrar la pena?

Tú podrías preguntarte: "¿Cómo saber cuándo dar voz a una pena? ¿Cómo saber cuándo un agravio debe nombrarse en vez de ignorarse? ¿Acaso debo seguir el proceso del perdón cada vez que alguien me ofende, desaira o hiere mi orgullo?". Cierto: cada vez que sufrimos un agravio o atropello, damos principio a ese proceso. A veces lo consumamos tan rápido que apenas si notamos que hemos seguido todos sus pasos. Si mi hijo, de dos años, rompe al jugar mi florero favorito, yo podría voltear y darle un manazo, inútil acto de represalia disfrazado de disciplina. En cambio, podría decirle: "¡Ay!, ese florero me encantaba; fue un regalo de cumpleaños de mi mejor amigo. ¡Qué lástima! Ya te he dicho que debes jugar afuera. Pero, bueno, recojamos este tiradero". Pese a no haber reparado en ellos, todos los pasos del ciclo del perdón están aquí. Tras hacer una pausa en la encrucijada, yo opté por el camino del perdón. Conté la historia, nombré la pena y admití que mi hijo de dos años es un niño humano con mucho que aprender aún. Asimismo, acepté que el florero roto era irrecuperable. Tan pronto como hice esto, pude renovar la relación de un padre amoroso con un hijo activo.

 ¿Cómo saber entonces cuándo debemos recorrer el ciclo del perdón más lenta o pausadamente? No hay reglas fijas y rápidas a este respecto. Nosotros no podemos clasificar todos los tipos de pesadumbre y decirte cuál de ellos te consumirá mucho tiempo y cuál no. Todos somos diferentes, y cada quien se ocupará del daño en forma diferente, dependiendo de sus circunstancias. Lo importante es compartir nuestros pesares, dolores, temores y aflicciones.

Mi hermana menor me llamaba "llorón". Aunque es probable que este epíteto fuera justificado, dolía. "Lo que los demás piensen de ti no es asunto tuyo", sentenció mi madre. Quiso decir que las palabras de mi hermana no debían importarme, así que tenía que ignorar su mala opinión. Esto podría ser cierto, y sería ideal que todos permitiéramos que los juicios negativos de los demás se nos resbalaran, pero la verdad es que las opiniones ajenas sí que pueden herir, profundamente. Una herida física es a veces más fácil de nombrar, olvidar y curar, por ser obvia y tangible. Una herida psicológica es más difícil de nombrar. Puede amenazar nuestra sensación de seguridad, nuestra necesidad de aceptación y pertenencia, nuestra identidad y nuestra autoestima como seres humanos. Esto es lo que la madre de la niña expresó en el hospital: que su identidad y autoestima como madre habían sido atropelladas. La humillación puede cortar tanto como la navaja más filosa. Podemos pedir ayuda cuando alguien nos agrede físicamente, pero ¿qué ayuda necesitamos cuando la agresión es emocional y nos sentimos ignorados, rechazados o despreciados?

En su libro *Dignity*, Donna Hicks explica que el dolor que experimentamos a causa de las agresiones diarias a nuestra dignidad no es imaginario. Puede socavar nuestra autoestima y nuestras relaciones con los demás. Señala asimismo que ciertos neurocientíficos demostraron que una herida psicológica, como la de ser excluido, estimula la misma parte del cerebro que una herida física. En otras palabras, que el cerebro procesa y siente esas lesiones de la misma manera; no distingue un tipo de dolor de otro. Esto contradice la vieja ronda infantil de que "Piedras y maderos romperán mis huesos, pero las palabras nunca me herirán". Las palabras sí hieren. Nos llegan al tuétano. Pero así el dolor sea físico o emocional, enfrentamos las mismas preguntas acerca de cómo responder o reaccionar a él. Si tú me golpeas, ¿te golpearé en respuesta? Si me insultas, ¿buscaré una invectiva más hiriente aún que devolverte? Si me deshumanizas, ¿buscaré la manera de rebajar tu dignidad, o a alguien a quien pueda oprimir para sentirme mejor? El ciclo interminable de la venganza y el desquite, de una herida que engendra otra, de la revancha y la represalia, puede ser físico, verbal o emocional.

Nunca nombrar la pena

No nombrar nunca la pena puede tener en nuestra vida consecuencias inimaginables. Una mujer a la que llamaremos Clara Walsh recibió en la universidad una llamada telefónica que cambiaría su vida. Su hermana mayor, Kim, había muerto en un accidente automovilístico. Según la policía, había sido drogada para ser violada en un bar de su localidad, tras de lo cual un grupo de desconocidos se la llevó en un auto. Éste iba a casi cien kilómetros por hora cuando chocó con un poste. Todos sus ocupantes murieron de inmediato. Clara recuerda:

> Yo no sabía qué era perder a alguien. Que en cierto momento una persona estuviera a tu lado, y desapareciera al siguiente. Estaba asustada, en shock y enojadísima. Pero ninguna de mis preguntas obtenía respuesta, porque todos los que acompañaban a mi hermana en ese auto también habían muerto. Llegué en avión a casa para el sepelio, pero en mi familia nadie hablaba de lo ocurrido. Kim era mi única hermana, pero parecía haber un acuerdo tácito de no volver a mencionarla nunca. Yo me sentía extraviada y confundida, a mis apenas diecinueve años de edad. No se le lloró. Nadie habló del accidente. Nadie me dijo cómo había que actuar cuando un ser querido fallece. Yo no tenía ningún marco de referencia; no disponía de ningún modelo de duelo o recuperación que seguir.

Cuando volví a la universidad, tuve pesadillas horribles sobre la muerte de mi hermana, en las que su cuerpo era mutilado y desconocidos la lastimaban. No sabía cómo pedir ayuda; ni siquiera sabía si la necesitaba. La mandíbula terminó por cerrárseme de tal forma, de tanto apretar los dientes, que tuvieron que operarme para que pudiera volver a abrirla. Continué mis estudios, y luego me casé y tuve hijos. Durante diez años contuve mi amor, temiendo que quien fuera objeto de él moriría. Escenarios horribles brotaban en mi mente cada vez que mi esposo se iba a trabajar, cada vez que yo no veía a uno de mis hijos. Estaba segura de que nunca regresarían.

La muerte de mi hermana hizo que el mundo se me volviera un sitio peligroso. Perdí muchos años viviendo atemorizada, sin poder hablar de la muerte de Kim, sin saber cómo expresar lo que sentía y sin saber que debía llorarla. Me cerré, y entonces mi matrimonio terminó. Esto me deprimió mucho, pero aprendí a fingir que todo marchaba bien. Finalmente me di a la bebida, para adormecer mi dolor y mi miedo. Di en destruirme, recurriendo al alcohol y las drogas para lidiar con la vida, con mis sentimientos y todo mi temor. A veces me pregunto qué se sentiría retroceder en el tiempo hasta el sepelio de mi hermana para poder volver a empezar. Mi vida sería muy distinta, así como la de mis hijos. Todo habría sido distinto si yo hubiera podido nombrar mi pena, hablar de mis temores y compartir mis sentimientos.

El papel del duelo

Cuando sufrimos una pérdida de cualquier tipo que nos causa dolor o sufrimiento, siempre hay duelo. Aunque se ha escrito mucho sobre este tema, por lo general se alude a quienes pierden a un ser querido. Pero no sólo hay duelo cuando alguien muere. También lo hay cuando perdemos algo invaluable para nosotros, aun nuestra confianza, fe o inocencia. Es importante comprender el papel del duelo en el proceso del perdón, y específicamente en este paso de nombrar la pena.

Duelo es cómo lidiar con el dolor que sentimos para poder librarnos de él. Tiene varias etapas, ampliamente estudiadas: negación, enojo, regateo, depresión y aceptación. Lo mismo que tras el trauma de la muerte de un ser querido, también solemos experimentar estas etapas durante y después de cualquier otro trauma importante, como una traición o agresión. Podemos recorrer una por una las etapas del duelo, o pasar de una a otra y retroceder después. No existe periodo ni orden fijo, como tampoco una manera única de experimentar el duelo asociado con una pérdida. Podemos pasar de la negación a la depresión, o retroceder de la aceptación al enojo. No hay una manera correcta de vivir el duelo, pero éste es esencial. Es el modo en que aceptamos no sólo el apuro que hemos sufrido, sino también qué habría pasado si la vida hubiese seguido otro curso. Lloramos lo que pudo haber sido tanto como lo que fue.

Cuando nombramos nuestra pena, hemos salido de la etapa de negación. Es imposible que nombremos honestamente nuestros sentimientos si aún estamos en esa etapa. Pero no debemos reprocharnos nuestra negación. Existe por un motivo. Nos protege del recuerdo de nuestro dolor y puede servir para darle ritmo a nuestro duelo. Cuando una pérdida parece insoportable o avasalladora, la negación nos facilita aceptarla. De prolongarse, sin embargo, puede llevarnos a la autodestrucción, como vimos en la historia de Clara. Supongo que la negación del dolor está en la raíz de la lucha trágica de casi todo adicto o alcohólico. La adicción y el alcoholismo son sólo dos de las muchas consecuencias de no remediar nuestro sufrimiento y dolor mediante el ciclo del perdón.

Sea que lloremos la pérdida de un ser querido, un matrimonio, un empleo, una gran esperanza o cualquier otra medida de nuestra autoestima, cuando nos permitimos sentir dolor podemos pasar rápidamente al enojo. Nos enojamos con otros, con nosotros mismos, con Dios por permitir tal crueldad en el mundo. En aquel cuarto de hospital, la joven madre expresó su enojo. Pero habiendo manifestado su rabia, pudo superarla. El enojo puede tener que ver con el presente, pero es incapaz de cambiar el pasado, y rara vez satisface nuestros verdaderos deseos en el futuro. Si me enojo, soy humano; si me encierro en mi enojo, soy un prisionero.

La siguiente etapa del proceso de duelo, el regateo, es otra modalidad de no aceptación, muy parecida a la negación. "Si hubiera hecho tal o cual cosa, dicho aquello, seguido un camino en lugar de otro, esta pérdida no habría ocurrido, este dolor no se habría dejado sentir." "Si yo fuera mejor madre, me habría quedado en casa en vez de haber ido a mi reunión", se reprochó la mujer en el hospital, "y mi hija habría estado a salvo." Pero no podemos regatear nuestro dolor, culpa o vergüenza, ni la realidad de nuestra pérdida. La única salida del dolor es él mismo. Regatear no es lo mismo que aprender de nuestras experiencias y permitir que nos transformen. La curación es incondicional. Por desgracia, nosotros no dictamos los términos de nuestra curación.

La depresión en el proceso de duelo es una reacción comprensible a la constatación de que la vida ha cambiado, por lo general en forma dolorosa, o hasta trágica. ¿Cómo seguir adelante cuando un ser querido ha muerto? ¿Cómo estar alegres cuando nuestra pareja nos dejó? ¿Cómo tener esperanza frente al pronóstico de una enfermedad terminal? ¿Cómo librarnos de esta aflicción terrible? Nuestra esperanza y curación residen en la última etapa del proceso de duelo: la aceptación.

La aceptación es el reconocimiento de que las cosas han cambiado y nunca volverán a ser iguales. Sólo de esta manera podemos hallar la fuerza que necesitamos para proseguir nuestro viaje. Aceptamos la verdad de lo ocurrido. Aceptamos nuestro dolor, angustia, tristeza, cólera y vergüenza, y al hacerlo aceptamos nuestra vulnerabilidad. Esta admisión de nuestra vulnerabilidad es vital. Como vimos en el capítulo 3, "Comprender el camino cuádruple", frente a una pérdida sólo tenemos dos opciones: llevarnos las manos al corazón y aceptar nuestro sufrimiento, vulnerabilidad y fragilidad humana, o rechazar este sufrimiento, vulnerabilidad y fragilidad y alzar el puño en son de venganza. Como veremos en el capítulo siguiente, es nuestra humanidad compartida, nuestras pérdidas compartidas, nuestro duelo compartido lo que al final nos permite reconciliarnos con el mundo a nuestro alrededor. Se nos daña juntos, y sanamos juntos. Es sólo en esta frágil red de relaciones que redescubrimos nuestro propósito, dicha y significado tras el dolor y la pérdida. Esta red se romperá una y otra vez, pero podemos tejerla de nuevo. Únicamente restaurando esa red de contactos hallaremos paz. Claro que es posible sanar solo en una cueva en la cima de una montaña, pero la mayoría de nosotros sanamos mejor y más rápido en compañía de otros.

Cuando negamos nuestros sentimientos, cuando decidimos no nombrar nuestras penas y rechazar el dolor de nuestras pérdidas, terminamos buscando la destrucción. Puede ser la autodestrucción, como le pasó a Clara intentando adormecer su dolor no admitido. O bien, podemos seguir el ciclo del desquite, con la vana esperanza de sanar nuestra herida hiriendo a otros. La única manera de detener el dolor es aceptarlo. Y la única manera de aceptarlo es nombrarlo y, en consecuencia, sentirlo plenamente. Descubrirás así que tu dolor forma parte del inmenso y eterno tapiz de la pérdida y la congoja humanas. Te darás cuenta de que no estás solo en tu sufrimiento, que otros pasaron ya por lo que tú pasaste y sobrevivieron a ello, y que tú también puedes sobrevivir y recuperar tu felicidad y alegría. Cuando abrazas tus sentimientos, te abrazas a ti mismo, y permites a otros abrazarte también.

Ningún sentimiento es malo

Cuando las víctimas comparten los muchos matices de sus sentimientos y pérdidas, no puede haber debate. Como dice el padre Lapsley en su maravilloso libro *Redeeming the Past* (Redimir el pasado), "hay que alentar a la gente a sentir al máximo, por incómodo que esto pueda ser. [...] Ella necesita la oportunidad de ser débil y vulnerable antes de volverse fuerte".[9] Esto es así independientemente de qué fue lo que te lastimó, qué perdiste y qué dicen los demás que "deberías" sentir y por cuánto tiempo.

Cuando Mpho me buscó angustiada por la muerte de Angela, yo tuve que crear un espacio para su dolor y su duelo. Ella había sufrido una pérdida tan grande que me obstiné en disiparla o remediarla. Pero tuve que aceptar que esto no era posible, que yo no podía anular la brutalidad del asesinato de Angela, ni el pesar y la pérdida que, al parecer, nuestra familia apenas podía soportar. Lo único que podía hacer era oír a Mpho nombrar las muchas formas en que ella y tantos otros fueron lastimados:

Jamás pensé que atravesar algo como esto implicara tantas cosas. Ver la estructura de un edificio supone una demolición. Es como si alguien hubiera hecho volar los revestimientos y yo pudiera ver la tracería de conexiones. Estamos estrechamente interconectados unos con otros: mi familia, Angela, la familia de Angela. Las repercusiones son vastas e incesantes.

Yo había derivado en la aflicción y la culpa. Oí en el teléfono los gritos de la madre y los hijos de Angela. ¿Cómo te recuperas de una angustia como ésa, de esos gemidos de pérdida y dolor? Pero sentí que era mi responsabilidad avisarles. Sabía que era yo quien debía darles la noticia. Francamente, no sé cómo he podido soportar mi dolor y el de la familia de Angela. Siento que ellos me asociarán siempre con la muerte, porque fui yo quien les dio la noticia. Tenían muchas preguntas, y su situación se complicaba porque no habían visto a Angela. Yo sí la vi. Ella había dejado lejos a sus hijos y su familia para darles una vida mejor, y tuvo que pasar esto. Trabajaba para mí, lo que me hace sentir mucha culpa. Si yo no la hubiera contratado, ¿ella seguiría viva?

Al principio sólo había culpa y aflicción, pero después llegó la furia. Aquella persona no sólo le había quitado la vida a Angela; también nos quitó nuestra libertad y seguridad a nosotros, nuestro espacio y hasta nuestro hogar. Jamás podremos regresar a él. Los objetos que esa persona robó no son nada en comparación con nuestros recuerdos felices. Nuestro hogar ya no es un hogar; es una escena de crimen. Nyaniso no se puede acordar de su recámara sin pensar en muerte y violencia. ¿Cómo recuperas así tu seguridad? Sencillamente se ha evaporado.

La furia va y viene aún. Oigo tantas voces y preguntas en mi cabeza. Onalenna inquiere dónde está tía Angela y si se encuentra bien. Si el malo va a regresar, y yo sé que lo que en realidad pregunta es si ella está a salvo, si no va a ser lastimada. Oigo llorar a Nyaniso y decir que quiere despertar, rogarme que la despierte de esta *pesadilla. Y yo no puedo hacerlo, porque no es una pesadilla, es la realidad. Siento que ya no puedo proteger a mis hijas y mantenerlas a salvo. Temí que esto doblegara a Nyaniso. ¿Cómo fue que el mal se aproximó tanto a mis hijas? ¿Cómo permití que llegara tan cerca? Éste es un sentimiento horrible para una madre. No puedo darles un mundo seguro. Y esto hace que todo parezca fuera de control. Tengo tanto miedo y tanta ansiedad, y una pena y tristeza permanentes combinadas con eso y tocándolo todo y a todos.*

Me partía el alma ver a mi hija y mis nietas sufrir tanto. Al escuchar el sufrimiento de Mpho, tuve que refrenarme de pretender aliviarlo, remediarlo y desaparecerlo. La única ayuda que podía prestarle era oírla y ofrecerle mi amor y mi presencia. Comprensiblemente, a Mpho le preocupaba el impacto que pudiera tener en Nyaniso que Angela hubiese sido asesinada en su cuarto. Esto sería horroroso para cualquiera. Una amiga sugirió que hablaran con una terapeuta. Ésta le dijo a Nyaniso que era perfectamente lógico que quisiera tratar su dolor pretendiendo que era un sueño, y que esta opción era válida. Pero le explicó que la otra era aceptar la realidad, y le preguntó cuál creía ella que sería más útil para sanar.

La validación de sus sentimientos sin juicios ni argumentos en contra hizo que Nyaniso se sintiera reconocida y segura para asumir su dolor y su pena, habiendo elegido el mejor camino para su recuperación. No es fácil ni agradable escuchar el dolor de nuestros seres queridos o de personas que apreciamos, pero si queremos ayudarlas, tenemos que hacerlo sin reservas y brindarles un ambiente propicio y cariñoso.

Cómo reconocer el daño

- Escucha.
- No intentes remediar el dolor.
- No minimices la pérdida.
- No des consejos.
- No reacciones con tu propia pérdida o pesar.
- Guarda el secreto.
- Ofrece amor y atención.
- Empatiza y brinda consuelo.

Cuando se nos agravia, debemos hacer como Nyaniso y tomar la decisión de pasar de la negación del dolor a la aceptación del daño. No podemos soportar el dolor solos. Sanamos juntos, y cuando compartimos la carga de nuestra postración, descubrimos, para nuestra sorpresa, que aquélla se aligera. Nuestro corazón se regocija y nuestras heridas comienzan a sanar. Busca a alguien que te escuche y comprenda el dolor que sientes, y revélale todos tus pesares.

¿Con quién compartir?

¿Debemos contar a todos la totalidad de nuestras penas? Claro que no. Sólo tú has de saber qué heridas tuyas persisten y se infectan. Sólo tú puedes conocer la medida de tus sufrimientos, y sólo tú sabrás en quién depositar tu confianza. Te exhorto a externar tu pesar lo más pronto posible. El dolor siempre halla expresión. Pero así se dirija a tu interior y te haga sufrir o salga y lastime a quienes te rodean, no cesará. Seguramente no decidiste que se te perjudicara, pero sí puedes decidir sanar.

Como mencionamos en el capítulo anterior, en un mundo ideal nuestros agresores se acercarían a nosotros, admitirían sus malas acciones y se apercibirían de la angustia que causaron. A su vez, nosotros compartiríamos con ellos la hondura de nuestra pérdida, dolor y aflicción. Haríamos preguntas, recibiríamos respuestas satisfactorias y exhaustivas, entenderíamos, perdonaríamos y renovaríamos nuestras relaciones. Se ofrecerían disculpas, se expresarían remordimientos y se haría justicia y reparaciones. Pero es raro que la senda del perdón siga este modelo ideal.

¿Qué hacer si quien nos lastimó ya pasó a mejor vida? Tal es el caso de mi padre. Me habría gustado hacerle algunas preguntas que nunca podré hacerle ya. ¿Y si no conocemos a quien nos agravió? Como Mpho y su familia, mucha personas tienen que soportar casos irresueltos de homicidio, son víctimas de actos terroristas o han sido agredidas por desconocidos. ¿Y si ver a una persona que nos dañó nos perjudicara todavía más? ¿Y si ella no sabe aún cuánto necesita nuestro perdón? ¿Y si no quiere o no puede escuchar? ¿Aun así podemos nombrar la pena? La respuesta es sí.

En muchos casos, la causa de nuestro sufrimiento es un grupo, gobierno o institución. Hoy, los refugiados en Sudán del Sur viven atemorizados por la milicia Janjaweed; en Siria, bombazos y actos terroristas se han vuelto cosa de todos los días; Afganistán ha soportado décadas de guerra, ocupación y opresión; en Sudáfrica, aunque el *apartheid* está legalmente extinto, sus efectos siguen estorbando el progreso. La milicia sudanesa del sur, el gobierno sirio, las facciones en guerra y fuerzas invasoras en Afganistán y el antiguo régimen sudafricano son todas ellas instituciones, no individuos. ¿De todas formas es posible recorrer la senda del perdón? También en este caso la respuesta es sí.

Si no puedes, o no quieres, nombrar tu pena ante el perpetrador, habla con un buen amigo o un familiar, consejero espiritual, orientador, alguien que haya experimentado un daño parecido o cualquier persona que no te juzgue y sea capaz de escuchar con amor y empatía. Lo mismo que al contar tu historia, también podrías escribir sobre tu dolor en una carta o en tu diario. Lo importante es compartirlo con alguien que sea capaz de recibir tus sentimientos sin juzgarlos ni avergonzarte por tenerlos. Como nunca es fácil confrontar directamente a quien nos agravió, te exhorto enfáticamente a que nombres primero tu pena ante otras personas.

Busca tu voz

Cuando le damos voz, nuestro dolor pierde su dominio sobre nuestra vida e identidad. Deja de ser el protagonista de nuestra historia. Como explicaremos en el capítulo siguiente, el acto de perdonar nos ayuda en definitiva a crear una nueva historia. El perdón nos permite ser autores de nuestro futuro, sin las restricciones del pasado. Pero para poder contar una historia nueva, debemos tener el valor de hablar. Mpho es valiente al hablar de su dolor. Es humano querer tomar represalias, enojarse y acumular rencor contra quienes nos lastimaron. Pero cuando compartimos estos sentimientos, cuando damos voz a nuestro deseo de venganza, a nuestra rabia y a las muchas formas en que sentimos que nuestra dignidad ha sido pisoteada, el deseo de venganza se atenúa, porque experimentamos alivio. Sentir alivio no significa que no deba hacerse justicia, o que fue bueno que alguien nos lastimara. Significa simplemente que no tenemos que permitir que nuestro sufrimiento haga de nosotros víctimas perpetuas. Cuando nombramos la pena, como cuando contamos la historia, reclamamos nuestra dignidad y hacemos algo nuevo desde nuestras ruinas.

Aprender a sentir y aprender a perdonar

Muchas personas no están en sintonía con sus sentimientos y experiencias. Esto suele deberse a viejos sufrimientos que nos adormecen. Por esta razón, a veces debemos volver a aprender a sentir. Reclamar nuestra capacidad de sentir es esencial para aprender a perdonar. Yo he descubierto que suele ser útil darse unos minutos de silencio al final de una jornada o de la semana para hacer un inventario y ver si guardamos nuevos rencores o abrigamos nuevos resentimientos. Cuando me doy unos minutos de silencio para reflexionar, me es más fácil saber si sufro. A menudo no sólo tomo conciencia de la herida, sino que además puedo ubicarla en mi cuerpo. A veces un agravio acallado se manifiesta como ansiedad o malestar estomacal, lo cual puede ser señal de temor. A veces el dolor silenciado se manifiesta como opresión en el pecho o acumulación de lágrimas en los ojos, lo cual puede ser tristeza o vergüenza. Una sensación inusual de cansancio o pesadez puede ser síntoma de depresión. Cualquiera de estas cosas puede indicar que aún tenemos trabajo por hacer y penas por nombrar.

Sanar es una decisión, como también lo es seguir adelante siendo valientes y vulnerables para sentir. Aunque las emociones humanas son universales, por lo común son igualmente inconscientes. Las regiones emocionales del cerebro, nos recuerdan los científicos, son más antiguas que las intelectuales. Tuvimos sentimientos antes de poder expresarlos. Y así sigue siendo en la mayoría de los casos. No siempre disponemos de las palabras necesarias para expresar nuestros sentimientos. Mientras más puedas hablar de tus emociones y más las aceptes, más rica será tu experiencia de vida, y más capaz serás de perdonar.

Todos formamos una misma familia

En medio de su dolor y pesadumbre, Mpho fue capaz de sentir intensa sintonía y solidaridad con otras personas cuyo hogar y seguridad habían sido atropellados, con otras víctimas de crímenes violentos y con todos los padres del mundo preocupados por la seguridad y bienestar físico y emocional de sus hijos. Esta sintonía con el sufrimiento ajeno es gran fuente de consuelo cuando sufrimos.

Nombrar la pena puede ser más fácil cuando se trata de nuestros familiares y amigos. Una herida suele doler más cuando nos la causa alguien que nos quiere, pero el riesgo de nombrar la pena quizá no sea tan grande. Todos tenemos puntos débiles. Todos tenemos momentos en los que actuamos sin pensar en los sentimientos ajenos. Y aun si pensáramos detenidamente cada acción, jamás podríamos prever cómo reaccionarán todos. Mpho y su mejor amiga tienden a ofenderse sin querer, pero Mpho explica: "Es un don increíble tener una amiga que ponga con cariño un espejo ante mis puntos débiles. 'Con cariño' no necesariamente significa con delicadeza o sin dolor. Mi mejor amiga y yo hemos tenido las peleas más horribles del mundo. Pero hemos aprendido a nombrar nuestra pena, y a hacerlo pronto. Con frecuencia descubrimos que una de nosotras no sabe que la otra está dolida, o que ni siquiera se dio cuenta de que un acto o comentario podía interpretarse como ofensivo. Nombrar nuestras penas nos permite remendar la tela de nuestra amistad". Es inevitable que nos lastimemos unos a otros; así, mientras más pronto remendemos la tela raída de nuestro afecto, mejor.

Siendo lo bastante vulnerables y valientes para nombrar su pena, Mpho y su amiga han hallado el modo de mantener una relación sana y evitar que viejas rencillas se infecten. Debemos aprender a hacer esto tanto con nuestros allegados como con nuestros vecinos en barrios y comunidades. Nuestras vidas están entrelazadas —amigo y supuesto enemigo, ser querido y extraño— todos los días. Componemos una sola familia humana. Como miembros de ella, infaltablemente nos lastimaremos unos a otros, a veces horrible, a veces inconcebible, a veces irrevocablemente. Pero como miembros de una misma familia, para que florezcamos debe haber perdón. Debe haber curación.

Como veremos en el capítulo siguiente, podemos descubrir nuestra humanidad compartida y escribir una nueva historia de transformación aun en medio del mayor sufrimiento. Hemos contado la historia y nombrado la pena. El perdón transformará nuestra historia y nuestro pesar.

Ahora hagamos una pausa y escuchemos lo que el corazón oye.

Ven acá.
Di mi nombre.
No soy tu enemigo.
Soy tu maestro,
y hasta podría ser tu amigo.
Digamos juntos nuestra verdad, tú y yo.
Me llamo ira: digo que has sido agraviado.
Me llamo vergüenza: mi historia es tu dolor oculto.
Me llamo miedo: mi historia es vulnerabilidad.
Me llamo rencor: digo que las cosas debieron ser de otra manera.
Me llamo congoja.
Me llamo depresión.
Me llamo pesadumbre.
Me llamo ansiedad.
Tengo muchos nombres
y muchas lecciones.
No soy tu enemigo:
soy tu maestro.

RESUMEN
Nombrar la pena

- Identifica los sentimientos contenidos en los hechos.
- Recuerda: ningún sentimiento es malo ni inválido.
- Reconoce las etapas del duelo, y honra este proceso sea cual fuere la fase en que te encuentres.
- Busca a alguien que te reconozca y escuche tus sentimientos sin querer remediarlos.
- Acepta tu vulnerabilidad.
- Sigue adelante cuando estés listo.

MEDITACIÓN
Validación

1. Vuelve a tu espacio seguro. Advierte de nuevo cómo luce, suena y se siente. De ser necesario, envuélvete en tu manto de seguridad.
2. Da otra vez la bienvenida a tu alentador acompañante de confianza.
3. Lleva una mano a tu corazón y la otra a tu vientre. Respira hondo y relájate. Cuando tu dolor reaparezca, fíjate en qué sentimientos hace surgir en ti. Comparte estas emociones con tu acompañante. Detente en cada emoción. Experimenta y expresa qué te hace sentir lo que te pasó.
4. Todas las emociones son válidas y apropiadas.
5. Oye a tu acompañante confirmar la verdad y dolor de tus sentimientos.

6. Cuando hayas oído y aceptado esta validación, siéntete nuevamente en tu lugar seguro y descansa.

7. Cuando estés dispuesto a hacerlo, abandona tu espacio seguro.

RITUAL DE LA PIEDRA
Apretar la piedra

1. Toma tu piedra en tu mano dominante.
2. Nombra en voz alta una pena que sientas en este momento. Al hacerlo, aprieta la piedra en tu mano.
3. Abre la mano. Mientras la extiendes, suelta tu pena.
4. Aprieta y suelta tu piedra cuantas veces nombres tus pesares.

EJERCICIO DEL DIARIO
Diario del duelo

1. Escribe todas las cosas que has perdido. ¿Cuáles son? ¿Tu confianza? ¿Tu seguridad? ¿Tu dignidad? ¿A un ser querido? ¿Algo muy preciado para ti?
2. Nombra ahora los sentimientos que acompañan a esas pérdidas. "Me siento furioso." "Me siento triste." "Estoy destrozado." "Tengo miedo." Siéntete en libertad de usar tus propias palabras. ¿Qué te dice tu corazón? ¿Por qué esta pérdida es grave? Dilo para que puedas recuperarte.

6 Conceder perdón

¡**H**ay tantas grandes historias de perdón! Este libro está lleno de relatos de personas que tuvieron el valor de perdonar luego de sufrir una pérdida devastadora o un crimen atroz. Las admiramos. Quisiéramos ser como ellas. Pero lo cierto es que quienes pueden dar esos pasmosos regalos de perdón son personas como tú y como yo. Algunas han descubierto en ellas mismas un pozo de compasión en momentos de necesidad. Pero muchas otras han ejercitado el músculo del perdón en los pequeños actos cotidianos de indulgencia que hacen la vida de familia algo más que meramente tolerable y alegran nuestro paso por este mundo. El repetido ejercicio del perdón, brindado poco a poco, significa que ya existe un patrón cuando, de ser así, hay que confrontar una necesidad indescriptible.

Educar a los hijos parece en ocasiones el entrenamiento para un maratón de perdón. Como otros padres, Leah y yo produjimos un catálogo entero de las decepciones e irritaciones que nuestros hijos nos procuraban. De niños, sus ruidosos berridos perturbaban nuestro sueño. Mientras uno de nosotros salía tropezando de la cama, la irritación de haber sido despertado y la fatiga que se preveía para el día por venir daban paso al simple reconocimiento de que se trataba de un bebé. Los bebés son así. Una madre o padre amoroso deriva fácilmente en la aceptación, y aun en la gratitud, ante aquel indefenso manojo de lágrimas. Las rabietas de los bebés pueden causar enojo a los padres, pero éste será pronto reemplazado por la comprensión de que una personita como aquella aún carece del lenguaje necesario para expresar el alud de sentimientos que su cuerpo contiene. Aparece entonces la aceptación.

Nuestros hijos encontraron al crecer nuevas (y muy creativas) maneras de poner a prueba nuestra paciencia, determinación, límites y reglas. Por nuestra parte, nosotros aprendimos una y otra vez a utilizar los momentos instructivos que sus transgresiones nos ofrecían. Pero aprendimos principalmente a perdonarlos sin cesar y envolverlos de nuevo en nuestro abrazo. Sabemos que ellos son mucho más que la suma de todos sus errores. Su historia es algo más que un ensayo de su repetida necesidad de perdón. Sabemos que incluso lo que hicieron mal nos dio la oportunidad de enseñarles a ser ciudadanos del mundo. Podíamos perdonarlos porque conocíamos su humanidad. Veíamos su bondad. Y pedíamos por ellos. Era fácil hacerlo. Ellos eran nuestros hijos. Era fácil querer lo mejor para ellos.

Pero yo pido también por otras personas que pueden irritarme o herirme. Cuando mi corazón abriga cólera o rencor por alguien, pido por su bienestar. Ésta es una práctica muy efectiva, que a menudo ha abierto la puerta al perdón. A algunos les sorprende que yo rece a diario por el presidente de Sudáfrica, y que lo haya hecho aun durante los más oscuros días del *apartheid*, pero, ¿cómo habría podido no hacerlo? Rezaba por él para que redescubriera su humanidad, y por tanto para que también nuestro país redescubriera su humanidad compartida.

Su santidad el Dalai Lama tiene una meditación que él llama "Dar y tomar". Se imagina transmitiendo a sus enemigos emociones positivas, como felicidad, afecto y amor, y que recibe de ellos emociones negativas, que él llama venenos: odio, crueldad y temor. Evita censurar y juzgar sus acciones. Inhala esos venenos y exhala su compasión y perdón. Reduce así el odio, y cultiva una mente indulgente. Todos nuestros motivos de queja componen una historia mayor, y cuando podemos entender este gran drama y la humanidad de todos los involucrados, nuestra angustia y cólera disminuyen.

Optar por perdonar

Una vez que hemos contado nuestra historia y nombrado nuestra pena, el siguiente paso es conceder perdón. En ocasiones esta decisión es rápida, y otras lenta, pero se trata inevitablemente de la forma en que avanzamos por el camino cuádruple. Elegimos el perdón porque nos permite hallar libertad y evita que nos estanquemos en un interminable circuito de contar nuestra historia y nombrar nuestra pena. Es el modo en que pasamos de víctimas a héroes. Una víctima está en posición de debilidad, y sujeta a los caprichos ajenos. Los héroes son personas que determinan su destino y futuro. Una víctima no tiene nada que dar ni decisiones que tomar. Un héroe posee fortaleza y la capacidad de ser generoso e indulgente, así como la fuerza y libertad que se desprenden de poder optar por el perdón.

En algunos casos, hallamos el perdón después de mucho tiempo, mientras que a veces él nos sale al paso en medio de nuestra aflicción. Al enterarse de los ataques terroristas en Mumbai, ciudad en la que su esposo y su hija de trece años estaban de visita, Kia Scherr pensó en todo, menos en perdonar:

> ¿Qué haces cuando lo peor que podía suceder ocurre? En noviembre de 2008, mi esposo, Alan, y mi hija, Naomi, viajaron a Mumbai para participar en un retiro de meditación en el Oberoi Hotel.

El 14 de noviembre me despedí de ellos en el aeropuerto Dulles de Virginia. Durante la semana siguiente nos mantuvimos en contacto por correo electrónico y por teléfono, y el 24 de noviembre tuve mi última conversación con ellos. Naomi acababa de hacerse un piercing en la nariz y me había mandado fotos por correo electrónico. Estaba tan contenta que le di la noticia de que ya habían llegado los resultados de su examen de admisión a un prestigioso internado para mujeres en Nueva York; había obtenido una calificación de 9.5, y se puso feliz cuando se lo dije. Alan y yo platicamos emocionados de todo esto, y nuestras últimas palabras fueron "Te quiero mucho".

Al día siguiente tomé el avión a Tampa, Florida, para visitar a mis padres, hijos, hermanos y hermana en ocasión de la fiesta de Acción de Gracias. Al checar mi correo un día después, no había ningún mensaje de Alan ni de Naomi. Esa tarde sonó el teléfono; era el directora ejecutiva de Synchronicity Foundation, la organización patrocinadora del retiro en Mumbai. Me dijo que prendiera la tele, porque justo en ese momento el Oberoi Hotel era atacado por terroristas. Colgué incrédula. Durante los dos días siguientes, presencié horrorizada el ataque terrorista de Mumbai, que no tenía para cuándo acabar. Yo ignoraba dónde estaban Alan y Naomi, y rogué que se hallaran a salvo en sus habitaciones. Amigos y familiares me llamaron, para unirse a nuestras oraciones, y llamaron a sus amigos para que rezaran por nosotros.

Dado que seguíamos sin saber nada de Alan y Naomi, mi hijo mayor, Aaron, mandó sus fotos a CNN, por si acaso estaban inconscientes y sin identificación en algún lugar de Mumbai. Recibimos una avalancha de correos de todo el mundo. Este cariñoso apoyo de supuestos desconocidos nos consoló. A las seis de la mañana del viernes 28 de noviembre, recibí una llamada del consulado estadunidense en Mumbai, en la que se me confirmó que mi esposo y mi hija habían muerto abatidos a tiros en el restaurante Tiffen del Oberoi Hotel.

Mi familia y yo permanecimos sentados varias horas en el sofá de la sala, aturdidos y en shock. Mientras veíamos en CNN los saldos del ataque, nos enteramos de que sólo uno de los terroristas había sobrevivido. Al ver su foto en la tele, las palabras de Jesucristo acudieron a mi boca: "¡Perdónalos, Señor, porque no saben lo que hacen!". Yo no era una persona religiosa, pero ésas fueron las palabras que oí salir de mis labios. Luego me volví hacia mi familia y dije: "Debemos perdonarlos". Todos se alarmaron. Creyeron que había perdido la razón. Pero en ese momento dije sencillamente lo que creía cierto. Sentí que un rayo de paz entraba en mi corazón, y supe que eso era lo correcto. Que la única manera en que podía seguir viviendo era perdonar a los terroristas. En ese momento entendí que el perdón era esencial, así que perdoné. "Ya hay suficiente odio", dije a mi familia. "Transmitamos amor y compasión." Comprendí que reaccionar con amor a un acto terrorista era la única forma de triunfar sobre el terrorismo.

Ahora sé que mi perdón requirió un alto nivel de aceptación de lo que había ocurrido. Eso no quiere decir que yo aprobara, disculpara o condonara el acto que me había agraviado, sino sencillamente que aceptaba la realidad de la situación y me distanciaba del incidente, el cual no podía cambiar. Una vez que acepté que mi esposo e hija habían muerto a manos de terroristas, pude proceder a la curación. Esta aceptación me dio una paz interior imposible de destruir. En esta paz reside la esencia de la humanidad que todos compartimos. Ésa es una decisión que tomo todos los días.

Esto no significa que no deba hacerse justicia. Las acciones tienen consecuencias, y quienes cometen actos violentos deben responder por ellos ante la ley. Aquel terrorista fue ejecutado, conforme a las leyes de Mumbai. Me estremece pensar en la insensibilidad que tuvo que haber dentro de esos jóvenes para que fueran capaces de tal destrucción. ¿Qué confusión y engaño fue la causa de esa conducta equivocada? Pienso en la madre de aquel terrorista, y en que ella también ha de haber sufrido cuando mataron a su hijo. Esto nos vuelve iguales. Estamos interconectados unos con otros.

El perdón me ha permitido mantener un corazón abierto y dulce. Decidí perdonar porque sabía que, de no hacerlo, me cerraría y endurecería. Tan pronto como supe que Alan y Naomi habían muerto, decidí renunciar a la ira, el odio y todo deseo de venganza.

Esto es verdadera transformación. Cuando liberamos el poder del amor incondicional, creamos un entorno de cambio positivo. Pese a que suceda lo peor que pueda ocurrir, aún nos queda todo un mundo de posibilidades. El perdón me permite aportar algo valioso, generar un resultado positivo de una tragedia espantosa. Perdí a Alan y a Naomi, pero ahora sé que pasaré el resto de mi vida invitando a personas de todo el mundo a abrirse a la experiencia de la paz, el amor y la compasión mediante el poder del perdón. Nuestra sobrevivencia como raza humana depende de ello. No decidí tener esa experiencia horrible. Pero de mí depende qué pase después.[10]

Reconocer la humanidad compartida

Si podemos perdonar es porque somos capaces de reconocer nuestra humanidad compartida. De reconocer que todos somos seres humanos frágiles, vulnerables e imperfectos, capaces de desconsideración y crueldad. De reconocer que nadie nace malo y que todos somos más que lo peor que hayamos hecho en nuestra vida. Una vida humana es una mezcla de bondad, belleza, crueldad, congoja, indiferencia, amor y muchas otras cosas. Quisiéramos separar a los buenos de los malos, a los justos de los pecadores, pero no podemos. Todos compartimos las cualidades básicas de la naturaleza humana, así que a veces somos generosos y otras egoístas. A veces somos reflexivos y otras desconsiderados, a veces amables y otras crueles. Esto no es una conjetura. Es un hecho.

Si examinamos un agravio, notaremos que ocurrió en un contexto muy amplio. Si examinamos a un perpetrador, descubriremos una historia que nos dirá algo sobre lo que lo movió a hacer daño. Esto no justifica sus acciones; sólo les da cierto contexto. Descubrimos nuestra humanidad compartida viendo lo que nos une, no lo que nos separa. Kia Scherr fue capaz de reconocer el lazo que la unía con la madre del terrorista, y con su sufrimiento, así como de mostrar extraordinaria compasión aun por los hombres extraviados que mataron a su esposo y su hija.

Valga repetirlo, porque es fácil de olvidar: nadie nace mentiroso, violador ni terrorista. Nadie nace lleno de odio. Nadie nace lleno de violencia. Nadie nace con menos honra o bondad que tú y que yo. Pero un día, en una situación dada, en una dolorosa experiencia de vida, esa honra y bondad pueden olvidarse, desvanecerse o perderse. Podemos ser fácilmente lastimados y quebrantados, pero es bueno recordar que, con igual facilidad, pudimos haber sido nosotros los autores de ese daño y quebranto.

Todos somos miembros de una sola familia humana. Esto no es una metáfora; es una declaración de hechos literal. Todos los humanos modernos estamos vinculados con lo que los científicos llaman la Eva mitocondrial, nuestro antepasado matrilineal común. Ella vivió hace doscientos mil años, y dependiendo de cómo se mida una generación, estamos a sólo entre cinco y diez mil generaciones de nuestro origen. Para decirlo de otra manera, cada uno de nosotros es primo de todos los demás seres humanos en, a lo sumo, diezmilésimo grado. Y sí, la Eva mitocondrial vivió en África, así que en estricto sentido todos somos africanos, lo que —dada la propaganda racista promovida desde hace tiempo en muchas partes del mundo— resulta un tanto irónico, ¿no te parece?[11]

Cuando se me afrenta, hiere o irrita, me es muy útil recordar nuestra humanidad compartida. A Kia le ayudó saber que el terrorista que mató a su esposo e hija también tenía una madre que lloró su muerte. Resulta útil recordar, igualmente, que todos estamos insertos en un contexto que suele determinar nuestros actos y decisiones, o al menos influir poderosamente en ellos. Esto no los excusa; sólo contribuye a explicarlos. A mí me ayudó saber que en el Karoo, cuando nos detuvimos a comprar helado, el chico de la tienda no hacía sino recitar el libreto de odio e intolerancia que se le enseñó a memorizar. A Lynn y Dan Wagner, quienes perdieron a sus hijas en un accidente automovilístico, les ayudó saber que la señora al volante del otro automóvil era una cariñosa madre de dos chicos. Al ver nuestras inagotables semejanzas y que nuestras vidas están inextricablemente entrelazadas, podemos hallar empatía y compasión. Y al hallar empatía y compasión podemos movernos en la dirección del perdón.

Todos y cada uno de nosotros somos imperfectos, y por tanto frágiles. Yo sé que, de haber nacido en el seno de la clase blanca dominante en la antigua Sudáfrica, podría haber tratado a los demás con el mismo desdén con que fui tratado. Sé que, bajo las mismas presiones y circunstancias, soy capaz de actos tan monstruosos como los de cualquier otro ser humano de este planeta exasperantemente bello. Conocer mi fragilidad es lo que me permite hallar compasión, empatía, parecido y perdón de la debilidad y crueldad ajena. Ya vimos que para perdonar es importante aceptar los hechos, y lo que éstos nos hicieron sentir. Habiendo aceptado nuestra vulnerabilidad y debilidad humana, ahora debemos aceptar la vulnerabilidad y debilidad de nuestro agresor.

Perdón verdadero

Pese a ser tan simples, las palabras *Te perdono* suelen ser muy difíciles de decir, y más todavía de sentir. Quizá tú creas que ya aceptaste lo ocurrido y perdonaste a quien te hizo daño. ¡Magnífico! Pero en justicia debo advertirte que muchos, aun personas muy espirituales, intentan evadir su sufrimiento, en busca de paz interior o de lo que creen correcto hacer. Dicen perdonar, pero en realidad el perdón no ha echado raíz en su corazón ni en su vida. "Lo siento mucho, mi amor; ¿me perdonas?", dice la esposa arrepentida al llegar tarde del trabajo y encontrar la cena fría sobre la mesa. "Sí", suelta entre dientes el marido, viendo desperdiciadas las horas que dedicó a cocinar con cariño. Sin permitirse recorrer el ciclo del perdón, esta pareja establece un remedo de paz, una tregua incómoda antes que genuino perdón. Éste es un ejemplo sencillo, pero que ilustra algo quizá más propio aún de las grandes heridas. Entra en tu corazón y confirma que, cuando dices "Te perdono", de veras has confrontado tu pasado. Si lo hiciste, realmente habrás liberado tu futuro.

Al conceder perdón, ¿cómo sabemos que lo sentimos de veras? ¿Cómo sabemos que el perdón auténtico ha arraigado en nuestra mente y nuestro corazón? Me gustaría poder darte una respuesta de aplicación generalizada. Algunos sienten que se les quita un gran peso de encima. Otros, una infinita sensación de paz. A menudo sabes que has perdonado cuando le deseas bien al otro, o al menos ya no le deseas mal. Como ya dijimos, hay libertad en el perdón; y cuando sientes esta nueva libertad, sabes que has perdonado de veras.

Ben Bosinger creía haber oído un millón de veces que debía perdonar a su padre. Lo oía de amigos y terapeutas, miembros de su familia y sacerdotes. Escuchó un millón de "deberías" acerca del perdón, pero no sabía qué significaba perdonar. No sabía cómo hacerlo, cómo era o qué se sentía. Intentaba enunciar su perdón en voz alta, pero se sentía falso. Por más de treinta años creyó que no sería capaz de perdonar nunca:

Durante los once primeros años de mi vida, lo único que recuerdo es miedo. No como el miedo a caer y lastimarse, o el que se siente cuando uno sabe que está en dificultades por algo. Era un miedo de vida o muerte. Miedo extremo en todo momento. Temía por mi vida, y por la de mis hermanos y hermana, y por la de mi madre. Mi padre era el ser humano más colérico y violento que yo haya conocido jamás. No me pegaba: me daba una paliza. Me humillaba. Me torturaba. Y lo mismo hacía con mis siete hermanos, a uno de los cuales encerró una vez varios días en el coche como castigo. Recuerdo una ocasión en que mi hermano menor, de cuatro o cinco años de edad, jugaba con sus piezas de madera y de repente fue levantado no del cabello, sino del cuero cabelludo por mi padre. Algo en esas piezas había enojado tanto a mi papá que sostuvo a mi hermano en el aire y lo sacudió. Recuerdo los gritos del niño. Temí por él, viéndolo colgar en el aire con tanto dolor y pensando que la parte superior de su cabeza estaba a punto de desprendérsele. También recuerdo, con vergüenza, el alivio de sentir que no era la mía. Odié tanto a mi papá en ese momento que pude haberlo matado. Lo odié por odiarnos.

No había dónde esconderse ni adónde correr. No había seguridad. Cuando, llamada por la escuela o un vecino, llegaba la policía, no hacía nada. Nadie podía detener a mi padre, y parecía que a nadie le importaba intentarlo. No sé por qué mi mamá tardó veinticinco años en dejarlo y llevarnos consigo. No sé por qué nadie me protegió, ni la policía, ni mis maestros, ni mis vecinos. Juré hacerlo pagar algún día. Crecí enojado y violento, igual que mis hermanos. ¿Cómo podíamos no estarlo? Así fuimos educados, eso fue con lo que se nos alimentó y nutrió. Cuando un adulto te pega en la cara a diario tan fuerte como puede sólo porque puede hacerlo, un hombre que se supone que te debería querer y proteger, ¿cómo lo perdonas? Yo lamentaba haber nacido. Mientras crecía, decidí que la vida consistía en aplastar a otros antes de que ellos me aplastaran a mí. Ya era igual a mi padre, y no podía perdonarlo tampoco por eso.

Mi enojo y desconfianza de los demás afectó todas mis relaciones, y al final convertí ese enojo en autodestrucción. Ya no tenía a mi padre para que me golpeara a diario, pero me golpeaba a mí mismo. Sabía que no valía nada, y recurrí a las drogas y el alcohol, provocaba peleas, arremetía contra todos los que se atrevían a mostrarme afecto o amor. Diez años después dejé de beber y drogarme, pero seguía enojado y amargado, fustigando a mis seres queridos. Muchos me decían que perdonara a mi padre, pero yo no creía que esto pudiera hacerme feliz. Sentía que, si lo perdonaba, sería una persona más que dejaría impune su conducta. El único modo en que podía vengarme de lo que él me había hecho era negarle mi amor. Cuando yo mismo me volví padre, me enojé más con él por no poder ser el papá que yo debía, pues lo culpaba de mis deficiencias como esposo y padre. ¿Cómo era posible perdonarlo? Había destruido mi infancia, y ahora destruía la de mi hija. Todos los problemas que yo tenía en la vida se debían a él. Estaba molesto con él, y conmigo mismo. Aun así, todos los que me rodeaban, personas en quienes yo había aprendido a confiar y cuyos consejos normaban mi conducta, me decían que la única forma en que podía salir de mi desgracia era perdonando a mi papá.

Él jamás pidió perdón por lo que me hizo, ni por lo que le hizo a mi familia. Nunca explicó por qué era tan violento y colérico. Ignoro cómo era posible que apaleara y torturara a personas de su propia sangre, y que pareciera derivar tanto placer de ello. Pensaba que él no era un ser humano. Y prefería hacerme a la idea de que no existía. Pero al fin me di cuenta de que lo llevaba conmigo a todas partes, a cada relación íntima, e incluso a mi propia manera de ser padre. Creo que fue especialmente esto lo que me hizo dirigirme una tarde a su casa en mi motocicleta. Estaba harto de estar harto. El dolor de llevarlo sin cesar conmigo había acabado por ser más grande que el de las palizas que recibí de niño. Alguien tenía que ceder.

Fue algo más grande que yo lo que me empujó a perdonarlo. Un día llegué a su casa y él salió y platicamos de motocicletas. A ambos nos gustaban mucho las motos. Y en ese instante, mientras veíamos agachados ese motor grasiento, codo a codo, lo perdoné. Vi su larga cabellera canosa, su cara arrugada, lo mucho que se había debilitado tras una vida difícil y ya en plena vejez. Él era un ser humano. Tenía muchos defectos.

Le gustaban las motocicletas tanto como a mí; y en medio de todo esto, simplemente lo perdoné. Fue como si me liberara de una roca enorme y al fin pudiera respirar de nuevo. No me pidió perdón. No lamentó lo ocurrido ni mostró remordimiento. Pero de todas formas lo perdoné.

Esto no quiere decir que en adelante todo haya sido miel sobre hojuelas. De hecho, años después lo volví a ver, y me dijo algo que me pareció castigador y ofensivo, así que por un momento me pregunté si ya había pasado el efecto del perdón. Pero comprendí que yo había esperado que mi perdón lo convirtiera mágicamente en un hombre bueno, diferente, mejor. Y esta esperanza me hacía nuevamente su víctima. Nada mágico ocurrió en él, pero sí en mí. Me sentí ligero. El mundo empezó a parecerme más optimista. Aprendí a no tomarme tan personalmente las cosas, y que yo era el único responsable del tipo de padre que sería para mis hijos. Había perdido décadas enteras de mi vida reviviendo la victimación que soporté de niño. Cuando perdoné a mi padre, todo eso se disolvió. Yo era libre. El perdón no lo salvó ni lo dejó impune a él. Me salvó a mí.

Contar una nueva historia

La historia de Ben trata del modo en que él pasó de víctima a héroe. Ya sin rencores hoy en día, su experiencia de perdonar a quien había abusado de él lo ennobleció. Más aún, se liberó por fin del abuso y se vio en libertad de crear una nueva historia como padre de familia. Ya no está atado a la violencia extrema que sufrió de niño, y gracias a que rompió esas cadenas ahora puede contar una nueva historia de lo que significa ser padre. Es una historia en la que él ya no es víctima, pese a que tanto él como sus hermanos lo hayan sido de su padre. Es una historia en la que ahora es un héroe, y en la que puede ser un héroe para su hija.

Mientras escribíamos este libro, consultamos a gran número de connotados expertos en perdón del mundo entero, hombres y mujeres que han dedicado su vida a ayudar a la gente a sanar, y a estudiar el proceso del perdón. Todos ellos nos dijeron lo importante que es poder contar una nueva historia, y que esto es señal de curación y recuperación.

¿Qué exactamente significa contar una nueva historia? Es indudable que tu historia cambia de un sinfín de maneras. Nosotros lo hemos visto en el caso de Ben y muchos otros. Tu historia deja de reducirse a lo que pasó, o al dolor y pesadumbre que sufriste. Es una historia que reconoce la de quien te lastimó, por extraviado que haya estado. Es una historia que reconoce nuestra humanidad compartida. Ben fue capaz de ver la humanidad de su padre, aun en algo tan insignificante como un interés compartido en motocicletas. Fue capaz de ver la humanidad de su padre en su cabello cano y su rostro arrugado. Esta humanidad compartida le permitió contar una nueva historia.

En su nueva historia, él ya no es la víctima, sino el vencedor. Es importante ser claros: Ben fue víctima, en muchas formas, de la violencia de su padre. Decir que ahora es un héroe no le quita ese dolor o sufrimiento ni, ¡Dios nos libre!, lo culpa de ello por alguna causa. La gente es víctima de todo tipo de atrocidades. No pretendemos negar esta realidad. Lo increíble al escuchar a muchas personas contar su historia es que pueden hacerlo llenas de valor y compasión. Que pueden explicar lo que les pasó de un modo que revela que esto las ha ennoblecido, no amargado.

En la vida es seguro que sufriremos, no cómo reaccionaremos a ello, sea permitiendo que ese sufrimiento nos amargue o nos ennoblezca. Esto nos toca a nosotros decidirlo. ¿Cómo podemos permitir que el sufrimiento nos ennoblezca? Dándole sentido y haciendo que importe. Utilizando nuestras experiencias igual que muchas de las personas citadas en este libro: para ser más conocedores, profundos y empáticos. Como ellas, podemos tratar de impedir que otros sufran lo que nosotros. Sólo tú puedes decidir cómo contar una historia nueva. Eres el autor de tu vida, y sólo tú puedes escribir tu libro del perdón.

Nuestra historia

La historia de Mpho comenzó con un acto atroz, que sacudió a mi familia hasta la médula. Mpho sigue recorriendo el camino cuádruple del perdón, y revela los retos que ha tenido que vencer para perdonar al sujeto acusado de matar a Angela:

> *No basta con dar nombre a los sentimientos para que desaparezcan. Es muy importante darse cuenta de esto. En el camino cuádruple no dejas por completo el paso anterior una vez que avanzas al siguiente, así que puede decirse que yo estaba a mitad de camino entre nombrar la pena y perdonar. Fue un verdadero alivio decir que estaba enojada por la pérdida de una vida, la crueldad innecesaria y el atropello, y que me sentía culpable de lo ocurrido porque creía que, de haber regresado a casa dos horas antes o percibido las señales de que las cosas no marchaban bien, habría podido impedir que eso sucediera. Me sentía culpable de que Angela hubiera muerto viviendo en mi casa y cuidando a mis hijas. ¿Y su casa y sus propios hijos? Y estaba muy triste de que ella hubiera desaparecido de nuestra vida y la de su familia. Sumamente triste de que hubiera muerto de forma tan cruel y brutal. De no haberme podido despedir apropiadamente de ella, y de que eso hubiese pasado en mi casa.*

Pero mientras descubría la textura y calidad de mis heridas y separaba los hilos de mis sentimientos para darles la atención que demandaban, me di cuenta de que también estaba triste por quien le quitó la vida a Angela. Por alguna razón, desde el principio supuse que era un hombre, y pensé que él tendría que vivir con esta muerte el resto de su vida. ¿Es posible imaginar que alguien mate brutalmente a otro sin que esto afecte su psique? Cuando dañas a alguien, te dañas a ti mismo. La humanidad de ese hombre sufría por su propio acto inhumano.

Aquella sensación de tristeza y empatía por el asesino fue una especie de sacudida para mí, pero también, creo yo, mi puerta personal al perdón. No conocía toda su historia, pero sabía que debía haberla. Sin embargo, no fue hasta que participé en todos los rituales formales de duelo y recurrí a quienes podían validar mi enojo y temor, y hasta que pude ponerme en contacto con mi comunidad y todos los que se congregaron para compartir conmigo mi pérdida, que me fue posible considerar la historia de ese hombre y la eventualidad de perdonarlo. El ritual posee un poder increíble, como puede verse cuando la gente llega con flores y velas a un sitio de masacre y pérdida trágica. Esto mismo hacemos nosotros, y es muy curativo. Necesitamos rituales para todos los traumas y pérdidas, trátese de una traición, infidelidad, acto violento u homicidio. El ritual nos ayuda a sanar, y a mí también me preparó para considerar al asesino de Angela, su historia, su dolor. Acabé por entender así que debía encontrar la manera de reescribir la historia de nuestra relación, para que mi familia no siguiera atada a la mortandad que él había creado.

El hombre al que, al momento de escribir estas líneas, se acusa de la muerte de Angela es alguien a quien conozco, relacionado de muchas maneras con mi familia y con Angela. Era mi jardinero.

Tenía sólo veintidós años cuando supuestamente cometió este delito. ¿Cabe imaginar siquiera lo que hace que un joven actúe de modo tan brutal? Por increíble que parezca, él cumple años el mismo día que Angela. El cumpleaños de ambos fue un domingo, y el lunes en la mañana él vino a casa para compartir con nosotros el ritual de cumpleaños de comer pastel en el desayuno. Esto ocurrió en diciembre, apenas meses antes de que, como se sospecha, él regresara a mi casa a cometer ese crimen. Su mamá trabajaba para la mía, y fue esta relación la que me impulsó a emplearlo como jardinero. Al principio tenía mucho que hacer, así que trabajaba tres días a la semana, aunque luego dejé de necesitarlo mucho —sólo un día—; pero como quería que siguiera trabajando, para ayudarlo, le pagaba los dos días extra y lo ponía a hacer reparaciones en la casa.

Dejó de llegar a trabajar un par de semanas antes de la muerte de Angela. Previamente, él había puesto un cortinero en mi cuarto, y preguntó a Angela qué era un envoltorio en un armario. Ella le dijo que era una computadora; por la forma en que estaba envuelta, no podía saberse qué era, o que se trataba de algo valioso. Esta computadora fue lo único que faltaba en la casa luego de que mataron a Angela. Y eso hace pensar en la cadena de hechos. ¿Angela seguiría viva si yo no le hubiera pedido al muchacho que pusiera ese cortinero, o si la puerta del armario hubiera estado cerrada?

La hermana de este chico era además gran amiga de Nyaniso. Durante años tuve en el refrigerador una foto en la que aparecen juntas. Su familia estaba relacionada con la mía. A través de mi madre. A través de mi hija. Por eso lo contraté. Pero él dejó de venir a trabajar. Ahora nuestras familias están relacionadas de una nueva manera, y me da mucha pena por la de él, en razón del dolor y pérdida de su madre. Nadie desea una cosa así. En medio de los escombros no puede haber bandos.

Debo decir que él no ha confesado. No ha admitido este crimen. No ha sido condenado todavía. Nadie sabe aún quién mató a Angela, pero quienquiera que haya sido nos robó nuestro hogar, y dio lugar a este nuevo espacio de temor en que hemos tenido que vivir. Si, en efecto, fue el jardinero, yo conozco una parte de su historia. Gracias a que hay varios puntos en los que nuestras vidas se cruzan, puedo reconocer nuestra humanidad compartida. Sentir pesar por las decisiones que ha tomado en la vida. Hallar mi camino a la comprensión. Me da lástima por su familia. Y aunque aún no se ha condenado a nadie por la muerte de Angela, siento pesar por quienquiera que haya hecho este horror. Por quienquiera que cometa un acto de violencia tan brutal, y por nuestro mundo en su conjunto. Y para ser honesta, sé que no hay tanto que nos separe como yo quisiera creer.

Casi siempre siento que ya perdoné al homicida. No le deseo su merecido. Siento tristeza por él, y por todos nosotros. He aceptado los hechos, y las consecuencias del trauma. Pero hay momentos en que el trauma de la muerte de Angela vuelve a salir a la superficie en nuestra familia, y yo vuelvo a sentir mucho enojo, tristeza y rabia, lo cual no quiere decir que no perdone. He terminado por darme cuenta de que no perdono por el perpetrador, sino para que mis hijas sanen, para que yo sane y para que todos sigamos adelante y podamos vivir sin que el miedo y el odio sean los detalles que nos definen. La historia de la muerte de Angela y de su asesino formará parte para siempre de nuestra historia y de la infancia de mis hijas, pero yo perdono, para que ésa no sea la trama principal de la historia de nuestra vida, y para que podamos seguir escribiendo nuevas historias, mejores historias, historias más felices.

Crecer por el perdón

Cuando me hieren, cuando sufro, cuando me enojo con alguien por lo que me hizo, sé que la única forma en que puedo poner fin a esos sentimientos es aceptarlos. Que la única salida de ellos es padecerlos. Tratar de eludir este proceso natural causa toda suerte de dificultades. Crecemos enfrentando obstáculos, y únicamente venciendo resistencias. Para crecer, un árbol debe abrir el suelo, oponerse a la sólida resistencia de la tierra. Los músculos crecen cuando aplicamos una contrafuerza de resistencia contra ellos, pero antes se desgarran y lesionan, sólo para volverse más fuertes al reconstruirse. Una mariposa forcejea con el capullo que la cubre, y es esta lucha lo que la vuelve suficientemente resistente para sobrevivir una vez que se libera de él. Del mismo modo, tú y yo debemos abrirnos paso a través de nuestro enojo, tristeza y dolor y forcejear con nuestra pena y sufrimiento para llegar al camino del perdón. Cuando no perdonamos, una parte de nosotros no crece como debería. Como la mariposa, debemos ser más fuertes y resistentes, y nos transformaremos. No podemos permanecer inmóviles en la crisálida.

Sería comprensible que, luego de más de cincuenta años en el exilio, el Dalai Lama estuviera amargado y lleno de odio hacia los responsables de su destierro y el de su pueblo, pero él tomó la decisión de perdonar, y es una de las personas más joviales y compasivas que conozco. Admiramos a gente así, a quienes crecen mediante el perdón. La compasión del Dalai Lama es más notable todavía si se piensa en las fuerzas puestas en su contra, capaces de provocar cólera y furia. Todos podemos esforzarnos por ser así. Pero no es fácil. Hemos de optar por el perdón una y otra vez, y cultivarlo como una cualidad de nuestro carácter.

A veces podemos perdonar rápido, y otras poco a poco. Es comprensible que sigas resistiéndote a la idea de perdonar. Muchas personas cargan rencillas y rencores por años, creyendo que esto lastimará a quien las agravió, cuando en realidad sólo lastima al rencoroso. Muchos vivimos creyendo que odiar a quien nos lastimó pondrá fin a nuestra angustia, que destruir a los demás remediará nuestro quebranto. Pero no es así. Muchos siguen este camino, y no es hasta después de la destrucción, en medio de las ruinas del odio, que se percatan de que el dolor sigue ahí. La pérdida sigue ahí. El perdón es lo único que puede transformar las heridas sensibles y el punzante dolor de la pérdida. En el capítulo siguiente llegaremos al último paso del camino cuádruple: renovar o terminar nuestra relación con quien nos perjudicó.

Pero antes hagamos una pausa para escuchar lo que el corazón oye.

> Te puedo trazar como un cero,
> así que, a diferencia mía,
> puedo volverte menos que humano.
> Puedo borrar tu historia,
> para no tener nada que hacer
> ni que perdonar.
> Pero me aguarda esta pila de dolor,
> que no puedo desaparecer sin enfrentar tu historia.
> Me aguarda una pila de dolor,
> y para quitarla
> debo admitir nuestra humanidad común.

RESUMEN

Conceder perdón

- El perdón es una decisión.
- Crecemos mediante el perdón.
- Perdonar es la forma en que pasamos de víctima a héroe en nuestra historia.
- Sabemos que hemos sanado cuando podemos contar una historia nueva.

MEDITACIÓN

Bondad amorosa

1. Cierra los ojos. Imagina una emoción que te haga sentir bien, como amor, bondad, compasión o gratitud.
2. Permite que esa emoción o combinación de emociones irradie desde dentro de ti. Así es como se siente librarse del miedo, la ira, el rencor y el odio. Este lugar de paz siempre está en ti y te pertenece. Puedes entrar a él cuando quieras. Es tuyo, y nadie te lo puede quitar.
3. Imagina ahora a la persona (o personas) que quieres perdonar. Imagina que eres su madre, y ella un bebé en tus brazos, antes de que te hiera, antes de que hiera a nadie. Ve su bondad y humanidad.
4. ¿Puedes bendecirla y desearle bien? ¿Puedes transmitirle bondad y compasión? ¿La puedes olvidar?

RITUAL DE LA PIEDRA
Lavar la piedra

1. Toma tu piedra, que te ha acompañado en este viaje, a todo lo largo del camino. Ya le has hablado, la has apretado y ahora la vas a limpiar.
2. Consigue una vasija con agua o acércate a una masa de agua. Mete la piedra en el agua tres veces. Cada vez que la sumerjas, di: "Te perdono".

Si lo desean, los lectores pueden realizar también el siguiente ritual, como parte de su curación en el camino cuádruple:

Arena y piedra

1. Necesitarás un lugar arenoso donde haya piedras disponibles.
2. ¿Qué quieres perdonar? Con un dedo o vara, escribe ese agravio en la arena.
3. ¿Qué atributos valoras o aprecias de la persona que quieres perdonar? Escribe tres de ellos en una piedra, con un lápiz o marcador.
4. Lo que se escribe en la arena desaparece pronto. Lo que se escribe en piedra perdura.

EJERCICIO DEL DIARIO

1. Escribe la historia de quien te hizo daño. ¿Qué sabes de él? Si no lo conoces, ¿qué puedes deducir de él? ¿Qué tienen en común? ¿Qué semejanzas hay entre ustedes?

2. ¿Qué has perdido por el hecho de no poder perdonar? ¿Esta incapacidad para perdonar te ha hecho daño y ha perjudicado a tus seres queridos?

3. Escribe ahora cómo, en realidad, esta experiencia dolorosa te ha hecho más fuerte. ¿Cómo te ha ayudado a crecer y sentir empatía por los demás? ¿Cómo te ha ennoblecido?

4. Por último, vuelve a escribir tu historia, pero esta vez no como la víctima, sino como el héroe. ¿Cómo lidiaste con la situación, cómo has crecido y cómo impedirás que otros sufran lo que tú sufriste?

7 Renovar o terminar la relación

Me hallaba en una visita pastoral. Era la tercera vez que le hacía a ese hombre una visita de esta naturaleza.

La primera de ellas había empezado muy bien. En marzo de 1988, P. W. Botha, conocido como Die Groot Krokodil (El Gran Cocodrilo), era el presidente de Sudáfrica, y yo el arzobispo anglicano de Ciudad del Cabo, de visita ahí para pedir clemencia. Cinco hombres y una mujer estaban a dos días de la horca. Los Seis de Sharpeville habían sido condenados a muerte. Yo había ido a rogar por su vida. Botha no prometió nada, pero dio un rayo de esperanza; estaba dispuesto a considerar atenuantes, y podía ofrecer una suspensión de la ejecución. La reunión dio luego un giro muy brusco, y siguió cuesta abajo. A Botha le había irritado mi petición, y de otros líderes de la Iglesia. Dio en reprenderme, con su característico estilo de apuntar con el dedo. Yo le respondí en el mismo tenor: "¡No soy un niño! ¡No crea que habla con un niño!". La reunión descendió al nivel de las acusaciones y contra-acusaciones, y yo salí furioso de su oficina. ¡Aquél distó mucho de ser mi mejor momento!

Casi una década más tarde, regresé a casa de Botha. Era la segunda visita pastoral que le hacía, y la primera vez que lo veía desde que salí enojado de su oficina muchos años antes. Él ya no era presidente;

Nelson Mandela era ahora nuestro jefe de Estado. Yo presidía la Comisión de la Verdad y la Reconciliación, y había ido a verlo con un mensaje del exprisionero que era ahora nuestro líder inspirador: el de que se presentara a declarar ante esa comisión. "Mandela se sentará junto a usted mientras rinde su testimonio", le aseguré. El octogenario expresidente declinó.

La tercera y última visita pastoral ocurrió semanas después. La esposa de Botha, Eliza, acababa de fallecer. Yo llegué como esposo gentil a acompañar a otro en su dolor.

Botha y yo compartimos una larga historia. Durante tantos años, nuestra relación había cambiado una y otra vez. Habíamos sido adversarios. Habíamos sido suplicante y otorgante. Habíamos sido juez y acusado. Entre nuestras reuniones se había desarrollado un camino cuádruple de perdón. Éramos dos hombres que aprendieron muchas veces a renovar su relación. Yo lo había perdonado por los agravios de años pasados. Teníamos ya una nueva relación. Ahora éramos sólo dos sudafricanos.

El perdón no es el final del camino cuádruple, porque otorgarlo no es el final del proceso de recuperación. Todos vivimos en una delicada red comunitaria, visible e invisible, y una y otra vez los hilos de enlace se dañan y deben repararse. Luego de que has sido capaz de perdonar, el último paso es renovar o terminar tu relación con quien te hizo daño. Y aun si nunca vuelves a hablar con esa persona, aun si nunca la vuelves a ver, aun si ya murió, ella pervive en formas que afectan profundamente tu vida. Para concluir el viaje del perdón y generar la recuperación y paz que anhelas, debes decidir si renovar o terminar la relación. Tras dar este último paso del camino cuádruple, limpiarás la pizarra para eliminar todo lo que causó una brecha en el pasado. No habrá más deudas por pagar. Más rencores por ulcerarse. Únicamente si renuevas o terminas la relación podrás tener un futuro sin las restricciones del pasado.

Renovar o terminar

¿Qué significa renovar o terminar una relación? Podrías pensar que no tienes una relación con el desconocido que te agredió, o la persona en la cárcel que mató a un ser querido tuyo, o la pareja que te engañó y que hace tantos años se divorció de ti, pero el agravio mismo entre ustedes genera y mantiene una relación. Como cualquier otra que demanda perdón, esta relación debe renovarse o terminarse. Cuando tu pareja te dice, por ejemplo: "Siento haberte gritado", tú puedes perdonarla y continuar tu matrimonio, renovando así la relación. Cuando tu novio o novia te dice: "Siento haber traicionado tu confianza", tú puedes concederle tu perdón, pero decidir no volver a ver a esa persona, con lo que terminarías la relación entre ustedes.

La decisión de renovar o terminar es una decisión personal que sólo tú puedes tomar. Obviamente, es más fácil optar por renovar la relación cuando se trata de un allegado, como pareja, padre, hermano o buen amigo. Con estos íntimos es mucho más difícil terminar una relación, ya que los lazos del recuerdo y la intimidad que los unen son muy fuertes. Es más fácil terminar una relación con un conocido, vecino o desconocido, personas que por lo general no ocupan un sitio importante en tu corazón.

La decisión meditada de terminar una relación es una determinación válida. Aun así, siempre es preferible renovar o reconciliar, salvo en casos en que está en juego la seguridad. Cuando decidimos terminar una relación, la persona implicada sale de una parte de nuestro corazón y una parte de nuestra historia. No es una resolución que pueda tomarse a la ligera, o al calor del momento.

Renovar nuestras relaciones es la forma en que cosechamos los frutos del perdón. Esta renovación no es un acto de restauración. No hacemos una copia idéntica de la relación que teníamos antes de la herida u ofensa. Renovar una relación es un acto creativo. Producimos una nueva. Es posible erigir una nueva relación independientemente de las realidades de la anterior. Incluso es posible renovar una relación nacida de la violencia, como en el caso de Linda Biehl, Easy Nofemela y Ntobeko Peni.

Como indicamos brevemente en el capítulo 3, Linda Biehl es la madre de Amy Biehl, la estudiante de la University of Stanford que, en 1992, obtuvo una beca Fulbright y decidió ir a Sudáfrica a participar en la lucha contra el *apartheid*. El 25 de agosto de 1993, al llegar al distrito segregado de Gugulethu, su auto fue detenido por una turba enardecida. Este grupo acababa de salir de un mitin en protesta por la muerte de un joven negro a manos de la policía. La pasión de Amy por la justicia y el propósito de su estancia en Sudáfrica no eran, lógicamente, de conocimiento universal. Para los manifestantes, ella era solamente otra persona de raza blanca, otro símbolo de la opresión del *apartheid*. Sacada a rastras de su vehículo, fue muerta a golpes, pedradas y puñaladas. Tenía veintiséis años.

En 1998, la CVR amnistió a los cuatro jóvenes condenados por ese homicidio. Los padres de Amy, Linda y Peter Biehl, no sólo apoyaron esa decisión, sino que además establecieron en Ciudad del Cabo el Amy Biehl Foundation Trust, obra benéfica dedicada a combatir la violencia y ayudar a la comunidad donde Amy perdió la vida. Dos de esos jóvenes, Easy Nofemela y Ntobeko Peni, trabajan ahora en la fundación que lleva el nombre de la mujer a la que mataron. Mantienen una estrecha relación con Linda Biehl (Peter Biehl ya falleció), y han formado entre ellos un lazo excepcional.

¿Cómo puede suceder una cosa así? ¿Cómo es posible renovar una relación surgida de tanto dolor y aflicción? Aunque cada persona y circunstancia son distintas, lo que parece explicar casos como el de la familia Biehl es el deseo de dar sentido al sufrimiento y avanzar y recuperarse luego de una tragedia. Esta necesidad de reparar lo que está roto, mejorar las relaciones y hallar comprensión y propósito tras perder algo o a alguien invaluable para nosotros es lo que nos hace humanos. A los Biehl no les fue fácil enfrentar a los asesinos de su hija. A los perpetradores no les fue fácil enfrentar la verdad de lo que hicieron. Pero la reconciliación potenció el avance y crecimiento de todos, lo que les permitió sanar y unirse en un propósito común.

Su reconciliación transformó su historia. La suya no es ya una historia de cómo una mujer fue violentamente atacada por un grupo de desconocidos, sino una historia de la lucha de Sudáfrica por la democracia, así como una historia imponente e inspiradora sobre la bondad y maravilla que emerge del perdón y la reconciliación. Los Biehl tenían que comprender las circunstancias de la muerte de su hija, y al buscar esa comprensión entendieron mejor la política y a las personas implicadas. Dice Linda: "No puedo verme como víctima; esto me disminuye como persona. Y Easy y Ntobeko no se ven como asesinos. No querían matar a Amy. Sin embargo, Easy me ha dicho que una cosa es reconciliarse con lo que pasó como activista político y otra muy diferente reconciliarse de corazón". (Volveremos a las dificultades de Easy para buscar perdón en el capítulo siguiente.)

Renovar la relación nos permite convertir nuestras maldiciones en bendiciones y seguir creciendo mediante el perdón. Nos permite devolver lo sustraído y enmendar un error. Aun si la relación fue hiriente o perjudicial, sigue siendo una historia compartida. El Ubuntu (sentido de pertenencia a la humanidad) dice: "Yo estoy incompleto sin ti", así que siempre que sea posible debemos llevar a cabo la difícil tarea de corregir nuestras relaciones. Los enemigos pueden volverse amigos, y los perpetradores recuperar su humanidad perdida.

"Asumo mi responsabilidad"

Una parte muy importante pero difícil de la renovación de la relación es asumir la responsabilidad que nos corresponde en un conflicto. Si tenemos una relación en necesidad de reparación, debemos recordar que lo malo no suele estar en un solo lado, y que ver nuestra aportación a un conflicto nos permitirá restablecer la relación.

Hay veces en que realmente no hicimos nada, como cuando nos asalta un desconocido, pero aun así tenemos que ver al menos con el hecho de que se permita una sociedad en la que existe tal desesperación. No digo esto para inspirar culpa o señalar responsables, puesto que ninguna persona en particular crea una sociedad. Pero cada uno de nosotros participa en la creación de la sociedad. Podemos asumir nuestra responsabilidad en una forma que nos impida ser víctimas y haga posible que abramos nuestro corazón. Siempre es factible que la compasión nos permita reconocer las singulares presiones y excepcionales historias de las personas al otro lado de nuestros conflictos. Esto es cierto, desde una rencilla personal hasta una disputa internacional.

El Ubuntu señala que todos participamos en la creación de una sociedad que crea a un perpetrador; por tanto, yo participo no sólo en cada uno de mis conflictos personales, sino también en los que acontecen ahora mismo en mi familia, mi comunidad, mi nación y el mundo entero. Esta idea puede parecer opresiva. El don oculto en este desafío del Ubuntu es que no es preciso transitar por los corredores del poder para contribuir a la paz. Cada uno de nosotros puede crear un mundo más pacífico dondequiera que esté.

Pedir lo que necesitas

¿Cómo renovar o terminar genuinamente una relación luego de que hemos sido heridos? ¿Cómo avanzar y recuperarse de la pérdida? Para poder renovar o terminar la relación, debemos dar sentido a nuestras experiencias. Es así como seguimos abandonando nuestra identidad como víctimas. Si tu mejor amigo te insulta, quizá desees una disculpa y una explicación para poder renovar la relación. Cuando se nos lastima, las más de las veces necesitamos la verdad de por qué fuimos heridos, por qué una persona en la que confiamos nos mintió, o nuestra pareja nos fue infiel, o un desconocido creyó conveniente importunarnos. Decir la verdad suele ser lo que nos da el empuje que necesitamos para dar el último paso del camino cuádruple.

También podemos exigir que se nos restituya o compense lo que se nos quitó o perdió. Si tu vecino te roba, querrás que te devuelva el objeto de que se trate antes de renovar tu relación con él.

Pregúntate qué necesitas para renovar o terminar una relación y luego, si te es posible, pídeselo a la persona que te hizo daño. Tu decisión de renovar o terminar bien puede depender de si obtienes lo que necesitas. Tal vez quieras que la otra persona escuche tu historia y se entere del dolor que has experimentado. Quizá antes de renovar la relación desees saber si el perpetrador muestra remordimiento, y confirmar que nada semejante vuelva a suceder. Si aquél no lamenta lo que hizo, podrías decidir que lo mejor es dar por terminado el vínculo entre ustedes.

Si no puedes hablar directamente con la persona que te agravió y pedirle lo que necesitas, pídeselo a otras. Pide empatía. Pide confianza. Pide comprensión o espacio para contar tu historia, y nombra tu pena hasta el final. Cuando pides lo que necesitas para sanar, dejas de ser una víctima sin voz en tu destino. Y en última instancia, así obtengas lo que necesitas total o parcialmente, esto no determinará si puedes renovar la relación. Yo no pude pedirle a mi padre la explicación y disculpa que quería antes de que él muriera, pero esto no quiere decir que yo haya abandonado la relación. Pude renovarla en mi corazón, y a veces esto es lo único que podemos hacer, pero es de la mayor importancia.

Una petición inusual

Cuando Dan y Lynn Wagner recibieron una carta de la oficina de libertad condicional en la que se les avisaba que Lisa —la señora que quitó la vida a sus dos hijas en un accidente automovilístico— estaba por salir de la cárcel, supieron que, para seguir sanando, tenían que concertar una reunión con ella, bajo sus propias condiciones. Dan dice que su plan era terminar la relación y poner fin al último capítulo de su historia:

> Llamamos al responsable de libertad condicional y le preguntamos si podía conseguirnos una reunión con Lisa. Le explicamos que nunca fuimos al tribunal porque ella se declaró culpable, y que por eso no la conocíamos. El funcionario dijo que aquélla era una petición inusual, y que tal reunión era contraria a las condiciones de libertad condicional de Lisa. Sin embargo, sus superiores la aprobaron, y se fijó una fecha.
>
> La verdad es que no hablamos entre nosotros de lo que le íbamos a decir. Lo único que queríamos era salir de la reunión habiendo cerrado esa última puerta. Desde el momento en que Lisa fue sentenciada a prisión, supimos que llegaría el día en que la conoceríamos, y queríamos que este primer encuentro

ocurriera en un medio controlado como aquél, no en la fila de la caja de una tienda.

Cuando entramos a la sala y vimos a Lisa por primera vez, ambos la abrazamos. No sé por qué, pero de repente dio la impresión de que habíamos librado juntos esta guerra. Cuando yo la abracé, rompí a llorar, y no podía detenerme ni soltarme. Durante ese abrazo, tuve en mi corazón una sensación de alivio. Siete años después, por fin conocía a la mujer que había dado muerte a mis hijas. Pero no sentí odio ni enojo, sólo alivio. Así que lloré.

Finalmente nos sentamos alrededor de una mesa grande. Lisa habló de su proceso de recuperación de doce pasos, y dijo que el paso nueve, Reparar el daño, sería para ella una "reparación en vivo". Lynn preguntó a qué se refería. Lisa le dijo que quería compartir su experiencia con otras personas, con la esperanza de impedir que quitaran una vida como ella había quitado las de Mandie y Carrie.

Nosotros le agradecimos que se hubiera declarado culpable y nos permitiera evitar los procedimientos judiciales. Ella insistió: "Fui culpable". El funcionario de libertad condicional dijo entonces que nunca había visto nada semejante, y que quizá todos servíamos a un Dios de reconciliación.

Entramos con miedo a ese edificio, pensando en llegar por fin a la conclusión. Pero resultó un nuevo comienzo. Lynn y Lisa han sido invitadas desde entonces a hablar juntas, y van a cárceles, iglesias y universidades a contar nuestra historia. Resulta curioso cómo es ahora nuestra historia, la cual ha tocado muchas vidas. Es una historia de tragedia, sí, pero también de perdón, y de algo que alguien me dijo en los primeros días tras el accidente: Dios no desperdicia el dolor de sus hijos.

¿Qué es terminar?

A veces no es posible renovar. Renovar la relación podría hacerte más daño, o no conoces a quien te dañó, o el responsable ha muerto y no es alguien que lleves en tu corazón. Todos estos son momentos en los que la única opción es terminar la relación, lo cual también es esencial para completar tu viaje de curación.

Terminar una relación te permite liberarte de la victimación y el trauma. Puedes decidir sacar de tu vida a alguien, pero sólo terminas la relación cuando has elegido ese camino sin desearle mal a la otra persona. Terminar es negarse a permitir que una experiencia o persona siga ocupando espacio en tu cabeza o en tu corazón. Es finalizar no sólo la relación, sino también tu antigua historia de ella.

¿Qué es renovar?

Renovar una relación no es restaurarla. No retrocedemos adonde nos hallábamos antes de que ocurriera el agravio, ni pretendemos que nunca sucedió. Creamos una relación nueva a partir de nuestro sufrimiento, más fuerte a menudo gracias a lo que hemos experimentado juntos. Nuestras relaciones renovadas suelen ser más profundas, porque hemos enfrentado la verdad y reconocido nuestra humanidad compartida, y ahora contamos una nueva historia de una relación transformada.

"No estoy en ese punto todavía"

De los cuatro pasos del camino cuádruple puede decirse que a veces avanzas rápido en una fase y despacio en otra. A veces estás a caballo en dos de ellas, o sencillamente necesitas más tiempo para poder avanzar. Si no estás listo todavía para renovar o terminar la relación con quien te hizo daño, no importa. Si aún no sabes qué debes pedir de esa persona para poder sanar, está bien. Este último paso —o cualquier otro del camino cuádruple— no se da con la cabeza, sino con el corazón. Y podemos tardar en saber lo que verdaderamente está en este último.

Mpho no está segura aún de si quiere renovar o terminar la relación con el hombre acusado del asesinato de Angela. Como yo, prefiere siempre la renovación, pero ésta suele ser difícil.

Sigo sintiendo una tristeza increíble. Todos la sentimos. ¿Quiero renovar la relación? ¿Quiero terminarla? No lo sé. La verdad es que no estoy en ese punto todavía.

Ya perdoné al asesino. Es un ser humano, y también tiene una historia. Es nuestra historia ahora. Y la de Angela. Y la de la familia de ella. Hay tantas historias individuales, pero compartimos ésta. Ésa es, a mi juicio, la gran diferencia de este proceso de perdón. Pasó de "mi historia" a "nuestra historia". Ya no es mi dolor, sino nuestro dolor. Hay consuelo y alivio en eso.

Racionalmente, lo he perdonado, y lo sé porque no tengo ningún deseo de venganza, ni le deseo mal. Él no me debe nada. Emocionalmente, no estoy en ese punto todavía, porque lo que pasó me sigue doliendo, y sé que aún hay trabajo de curación por hacer.

Si él la mató, para agilizar las cosas sería útil que yo supiera por qué hizo eso. Me gustaría saber qué pensaba y por qué no pidió ayuda para resolver su situación, fuera cual fuera. ¿Por qué no acudió a mí? ¿Por qué Angela tuvo que pagar ese precio? ¿Cómo fue que su vida valió tan poco para él?

Creo que también me gustaría saber que le importa. Necesitaría saber que le atormenta haber quitado una vida. Querría saber si su alma sufre, y que le acongoja aquello de lo que se le acusa. Esto no cambiará nada, pero me ayudará a entender. Me gustaría comprenderlo a él para saber qué debemos hacer de otra manera, a fin de que nadie vuelva a sentirse tan desesperado como para que una cosa sea más importante que una vida.

No puedo hablar con él, dados los procedimientos penales, pero si pudiera hacerlo, le diría que no tengo palabras para expresar mi tristeza. Le diría: "Mira nada más lo que nos pasó".

El relato del viaje de perdón de Mpho me recuerda que lo que me pasa a mí también nos pasa a nosotros. Todos estamos interrelacionados, y cuando esa relación se rompe, todos debemos subirnos las mangas y trabajar duro para repararla. La disculpa y el perdón son instrumentos maravillosos para reparar lo que se ha roto. Renueva tus relaciones cuando puedas, y termínalas cuando no puedas. Cuando practicamos este último paso del camino cuádruple, impedimos que la cólera, el rencor, la desesperación y el odio tengan siempre la última palabra.

Todos somos lastimados y todos infligimos dolor. Si estás en necesidad de perdón, el camino cuádruple también es para ti. En el capítulo siguiente examinaremos el camino cuádruple para aquellos momentos en los que eres la persona necesitada de perdón.

Pero antes hagamos una pausa y escuchemos lo que el corazón oye.

No podemos volver a empezar,
no podemos crear un nuevo comienzo como si el pasado no hubiera sucedido.
Pero podemos sembrar algo nuevo
en la tierra quemada,
y cosechar con el tiempo una historia nueva de lo que somos.
Nosotros

formaremos una relación templada por el fuego de nuestra historia.
Tú me heriste,
yo pude hacerlo.
Y al saber estas verdades optamos por hacer algo nuevo.
El perdón es mi paso atrás para eliminar el enredo inútil del dolor
y la recriminación
y abrir un espacio, un campo listo para sembrar.
Cuando me ponga a medir este lugar, puedo decidir invitarte
a plantar semillas para una cosecha distinta.
O puedo decidir olvidarte
y permitir que el campo quede sin cultivar.

RESUMEN
Renovar o terminar la relación

- Siempre es preferible renovar, a menos que esté en juego la seguridad.
- Pide al perpetrador lo que necesites para renovar o terminar la relación.
- Tal vez precises de una disculpa, explicación, un objeto tangible, o de no volver a ver nunca a esa persona.
- Asume tu responsabilidad en todo conflicto.
- Cuando renuevas una relación, ésta será más fuerte gracias a aquello por lo que la otra persona y tú han pasado, pero siempre será diferente.
- Al renovar o terminar una relación, te libras de la victimación y el trauma.

MEDITACIÓN
Terminar o renovar

1. Entra a tu lugar seguro.
2. Invita a tu alentador acompañante de confianza a sentarse a tu lado.
3. Permítete sentir toda la esperanza y ansiedad que rodea a la relación con la persona que has perdonado.
4. Describe a tu acompañante tus esperanzas y temores.
5. Tu acompañante no juzgará tus esperanzas, temores ni decisiones. Confirmará tu sabiduría interior.
6. Cuando te sientas firme en tus decisiones, abandona este espacio.

RITUAL DE LA PIEDRA
Renovar o liberar la piedra

1. Decide si convertir tu piedra en un objeto nuevo y bello o devolverla a la naturaleza.
2. Si decides renovarla, piensa cómo la pintarás o decorarás. Podrías decidir asimismo convertirla en algo útil para tu casa o jardín.
3. Si decides liberarla, devuélvela al lugar donde la encontraste o llévala a uno nuevo que sea significativo para ti.
4. Nada es en vano. Todo, aun una piedra, tiene su propósito.

Si lo desean, los lectores también pueden realizar el ritual siguiente, como parte de su curación en el camino cuádruple:

Haz algo bello

1. Necesitarás algunos materiales de arte (pegamento, pintura, papel de colores, marcadores, tela).
2. También necesitarás una bolsa.
3. Ejecutarás este ejercicio usando algo que consideres bello y rompible, como una taza, plato o teja. (Si no puedes usar un artículo rompible, utiliza una imagen de una revista, una fotografía o una pieza de tela con dibujo.)
4. Mete el objeto rompible en la bolsa y rómpelo con tu piedra. (Si se trata de una fotografía o imagen, usa tu piedra para rasparla o rasgarla.)
5. Ahora emplea los fragmentos resultantes y tus materiales para hacer algo bello.

EJERCICIO DEL DIARIO

1. ¿Pudiste hacer algo bello con lo que tenías?
2. ¿Qué tan difícil fue hacerlo?
3. ¿Qué tanto se parece tu nueva creación al objeto que dañaste?
4. ¿Podría servir para la misma función que el original?
5. ¿Qué aprendiste acerca de renovar y terminar mientras hacías este ejercicio?

PARTE 3

No hay nada que no se pueda perdonar

8 Necesidad de perdón

"**Sí, señor. Por aquí, señora**", respondió el policía a nuestra consulta. Mi esposa, Leah, y yo sabíamos exactamente adónde íbamos. No teníamos necesidad de pedir instrucciones a este saludable agente londinense tan dispuesto a ayudarnos. Pero tras la rudeza y hostigamiento que esperábamos a manos de la policía de nuestra nativa Sudáfrica, estos encuentros con policías ingleses eran un placer sublime. La policía de Sudáfrica actuaba en el frente del estado del *apartheid*. Su papel era hacer cumplir todas las indignidades del arsenal racista. Así, casi nos asustamos cuando llegamos a Inglaterra y descubrimos que los agentes de Londres eran muy corteses y estaban más que dispuestos a ayudarnos.

Nuestro periodo en Inglaterra fue en muchos sentidos un paraíso de civilidad y hospitalidad. Un oasis en comparación con el prejuicio, caos y violencia incesantes que conocíamos en casa. Durante cuatro años nos fue posible comer en cualquier restaurante, ir a cualquier teatro y abordar cualquier autobús. Experimentar esto fue liberador y transformador. Pero entonces llegó la llamada.

Leah y yo hablamos de lo que significaría volver a Sudáfrica tras este segundo periodo en Inglaterra. La primera vez yo había llegado como estudiante. En esta otra había trabajado tres años para el

Consejo Mundial de las Iglesias, en el Fondo de Educación Teológica. Nuestros hijos, ya mayores, tendrían que regresar a internados al otro lado de la frontera, en Suazilandia. Vi lo mucho que Leah temía dividir a la familia. Lo mucho que temía el retorno a una condición de segunda clase. Pero ese nuevo papel me atraía. Me convertiría en deán de Johannesburgo, el clérigo principal de la catedral de Santa María, donde fui ordenado. Sería el primer negro en ejercer esa función. Insistí. Leah ha apoyado siempre mi ministerio. Accedió, de mala gana. Fue uno de los momentos más tensos de nuestro matrimonio.

De vuelta en Sudáfrica, y de cara a la brutalidad del *apartheid*, no pude guardar silencio. Llegaron entonces las amenazas de muerte. Yo veía a Leah o a uno de los niños colgar lentamente el teléfono con una distante mirada de temor, y sabía que había sido una más de esas viles llamadas amenazantes. Así pues, pregunté a Leah si debía dejar de decir lo que pensaba. Increíblemente, ella me dijo que me preferiría en Robben Island, donde Mandela y muchos otros enemigos del *apartheid* estaban presos, que callado afuera. Esto me dio un ánimo indecible. Pero cada vez que yo veía que ella o uno de nuestros hijos temblaba de rabia o de miedo después de contestar una de esas llamadas telefónicas, sabía que mis actos eran la causa de su aflicción.

Nuestras decisiones afectan a otros aun si no queramos perjudicarlos. Muchos años después pregunté a Leah si me perdonaba por el impacto que mi labor había tenido en ella y nuestra familia. Ella me sonrió, agradecida quizá por el reconocimiento de su sacrificio. "Te perdoné desde hace mucho tiempo."

¿De quién necesitas perdón? ¿Qué hiciste? ¿Lastimaste a un ser querido? ¿La culpa o la vergüenza te atormentan? ¿Has causado angustia y dolor? ¿Estás atrapado en el desastre de tus acciones, sin salida visible?

La simple verdad es que todos cometemos errores, y todos necesitamos perdón. No hay una varita mágica que podamos agitar para retroceder en el tiempo y cambiar lo que pasó, o anular el daño que hicimos, pero podemos hacer cuanto esté en nuestro poder para remediar el agravio. Podemos asegurarnos de que el daño no se repita nunca.

Todos necesitamos perdón. Todos hemos sido desconsiderados, egoístas o crueles en ocasiones. Como ya dijimos, ningún acto es imperdonable; ninguna persona está más allá de la redención. Pero no es fácil admitir las malas acciones propias y pedir perdón. "Lo siento" son a veces las dos palabras más difíciles de decir. Podemos dar con toda clase de justificaciones para excusar lo que hicimos. Cuando estamos dispuestos a bajar la guardia y juzgar honestamente nuestros actos, descubrimos que pedir perdón concede una libertad enorme, y que admitir el mal que hicimos nos fortalece. Esto nos libera de nuestros errores del pasado. Y nos permite avanzar a nuestro futuro, sin las ataduras de nuestras equivocaciones.

Buscar perdón

Tendemos a suponer que la persona a la que se le pide perdonar se las ve muy difíciles. Pero quizá quien busca perdón se las vea más difíciles aún. ¿Por qué creemos que es más fácil arrepentirse que perdonar? No lo es. Cuando hemos hecho algo malo y queremos corregirlo, mostramos la profundidad de nuestra humanidad. Revelamos la hondura de nuestro deseo de sanar. Mostramos qué tan profundo es nuestro deseo de curar a quienes herimos.

Stefaans Coetzee recorrió el camino cuádruple en la cárcel central de Pretoria. En la Nochebuena de 1996, cuando tenía diecisiete años de edad, él y otros tres miembros de la organización supremacista blanca Afrikaner Weerstandsbewegining (AWB) pusieron varias bombas en un centro comercial en Worcester, Sudáfrica. Su objetivo era un sitio frecuentado por la población negra de la ciudad. Su meta, obtener un elevado número de muertos. Sólo una de las bombas explotó, pero lesionó a sesenta y siete personas y quitó la vida a otras cuatro, tres de ellas niños. Poco después del incidente, Coetzee se dijo decepcionado por la baja cuota de víctimas mortales.

Coetzee inició su viaje de curación gracias a otro preso. Eugene de Kock, apodado por los medios Prime Evil (el Malo Mayor) en vista de su intervención en numerosos homicidios de la era del *apartheid*, se convirtió en su mentor. "Si no buscas el perdón de tus víctimas, acabarás preso en dos cárceles: la física y la de tu corazón. Nunca es demasiado tarde para reparar el daño que hiciste. Entonces, aunque estés tras las rejas, seguirás siendo libre. Nadie puede apresar tu capacidad de cambio. Nadie puede apresar tu humanidad ni tu bondad." El día de la Reconciliación, en diciembre de 2011, durante una reunión de sobrevivientes del bombazo de Worcester se leyó una carta de Stefaans, en la que expresaba remordimiento y pedía perdón. Muchos han perdonado ya su pavoroso acto. Algunos lo han visitado incluso en la cárcel. Otros no han podido perdonarlo aún. Stefaans comprende que no puede exigir que se le disculpe, pero describe el perdón recibido como "una gracia […] que otorga una libertad inconcebible".

Cuando lastimo a otro, a propósito o no, inevitablemente me lastimo a mí mismo. Me vuelvo menos de lo que estoy llamado a ser. Me vuelvo menos de lo que soy capaz de ser. Cuando lastimo a otro, debo devolver lo que le quité. O hacer un gesto de recompensa. Debo recuperar lo que he perdido en mí a causa de mis palabras o acciones nocivas.

Recuperar lo perdido requiere vernos honestamente y enfrentar nuestros errores del pasado. Requiere admitir lo que hicimos y asumir la responsabilidad de nuestros actos. Requiere un remordimiento genuino, nacido de la comprensión de que nuestras malas obras afectaron a otros. Requiere mirar nuestra alma y darnos cuenta de que no queremos ser ofensivos. Requiere estar dispuestos a reparar el daño y hacer lo que sea preciso para recomponer la relación, aun si esto significa no volver a ver nunca a la otra persona. Hemos de estar dispuestos a respetar nuestro progreso por el camino cuádruple. A respetar que alguien cuyo perdón buscamos deba cumplir su propio trayecto por el camino cuádruple. No podemos dictar el ritmo o avance de esa persona. Aun si jamás hallamos el perdón que buscamos, hemos tomado la valiente decisión de seguir esta senda, porque debemos hacer todo lo posible por hacer lo correcto.

No recorrer nunca el camino cuádruple

Pocos nos apresuramos a reconocer nuestras malas obras. Pero para que el proceso del perdón tenga éxito, debemos aceptar la responsabilidad de lo que hicimos. Ser capaces de decir la verdad, a fin de cerrar las heridas de una relación. Decir la verdad para remediar nuestro quebranto interior al haber lastimado a otro. Kelly Connor no pudo decir lo que había hecho. No pudo participar en un proceso que le habría permitido sanar, y terminó afectando su vida como jamás lo imaginó.

Cuando tenía diecisiete años, un día pidió a su padre que la llevara a su trabajo, en Perth, Australia, porque habitualmente no la dejaban manejar. "Él quería levantarse tarde, así que me dijo que no. Pero me dio mucha emoción que me permitiera llevarme su coche. Mi hermana Jayne cumpliría doce años ese día, e íbamos a festejarla. En unas semanas más yo saldría de vacaciones con mis amigas. La vida era espléndida. Yo era feliz. Tenía muchas ilusiones."

Camino al trabajo ese día, Kelly atropelló y mató por accidente a Margaret Healy, de setenta años, mientras cruzaba la calle:

Yo iba demasiado rápido colina arriba y viendo el espejo retrovisor. Llegué a lo alto de la colina y no la vi hasta que ya era demasiado tarde. Recuerdo su mirada de horror. Era una anciana, pero intentó correr. Luchó por su vida. No quise matarla, pero lo hice. Fue un accidente, sí, pero yo fui la responsable. Era una falta, mas la policía no me permitiría contar la verdad de lo ocurrido.

–¿Qué tan rápido iba usted? —preguntó el oficial.

–No lo sé, pero quizá a setenta kilómetros por hora. Iba demasiado rápido.

–¿Conoce el límite de velocidad? —inquirió él.

–Cincuenta y cinco kilómetros por hora.

–¿Entonces qué tan rápido iba? —preguntó de nuevo.

–Tal vez a setenta —repetí, confundida.

Él suspiró, y preguntó nuevamente:

–¿Cuál es el límite de velocidad?

–Cincuenta y cinco kilómetros por hora.

–¿Entonces qué tan rápido iba usted?

No sabía qué contestar. ¿Me estaban pidiendo que mintiera?

–¿A cincuenta y cinco kilómetros por hora? —dije finalmente.

–Bien —repuso él, tecleando la respuesta que no me conduciría a juicio.

Mi madre decretó esa misma noche que seguiríamos viviendo como si no hubiera pasado nada, y me prohibió volver a hablar del asunto. Jamás. Mi nombre apareció en el periódico, pero yo no pude hablar de mi vergüenza y mi temor. Viví años enteros aterrada y ansiosa, creyendo que la policía vendría por mí para apresarme. Cuando dormía, tenía pesadillas en las que ángeles y demonios peleaban por mi alma. No sabía cómo seguir viviendo, y me preguntaba por qué se me había de permitir seguir con vida. Me sentía completamente sola y absolutamente perdida, separada del mundo a mi alrededor y rechazada por todos los que supuestamente me querían. No me creía digna de tener una vida, porque se la había quitado a otra persona. No había lugar ni individuo seguro con quien pudiese hablar de cómo me sentía. Parecía no haber cabida en el mundo para una joven que había hecho lo que yo y se sentía como yo. Vergüenza, miedo, dolor, culpa. Sé que mi padre también se sentía culpable por no haberme llevado ese día, pero no podíamos hablar de eso. Mi familia se desplomó. Mi padre acabó yéndose de casa cuatro meses después del accidente, y desapareció. Murió diez años más tarde. Jamás lo volví a ver. No pude despedirme de él. Toda mi familia murió el día en que atropellé a Margaret. Mis amistades murieron. Mi alegría murió. Mi juventud y mi futuro murieron por igual. Ojalá yo hubiera muerto también.

No podía pedir perdón, ni perdonarme a mí misma. Nadie sabía la verdad de lo ocurrido. La policía y la corte no me castigaron, así que me castigué yo. No intimaba con nadie, a causa de mi secreto. Si lo hacía, me mudaba a otra ciudad, porque temía que me descubrieran, y no soportaba el dolor de mantener mi secreto y vivir en la mentira. Intenté suicidarme, porque creía que la única persona con la que podía hablar de lo que pasó, la única persona que podía perdonarme, era la mujer a la que le había quitado la vida. Me internaron en un hospital psiquiátrico, pero ni siquiera ahí podía contarle a nadie mis sentimientos o la verdad de lo sucedido. Mantuve mi secreto y vergüenza durante décadas.

Kelly tardó treinta años en admitir el agravio y romper el silencio que su madre le impuso ese trágico día. Cuando al fin fue capaz de admitir su error, pudo abrir espacio a su angustia, pedir perdón y, finalmente, tres décadas y mucho sufrimiento después, terminar la relación. Hoy vive en Londres y habla públicamente de aquel accidente. También ha escrito un libro, *To Cause a Death* (Causar una muerte), sobre su trayecto del silencio al perdón de sí misma. Su vida se vio alterada para siempre no sólo por haber ultimado a alguien, sino también por la imposibilidad de recorrer el camino cuádruple del perdón y el autoperdón. "Habría sido preferible", dice, "que hubiera ido a dar a la cárcel. Eso me habría dado la oportunidad de comenzar de nuevo. Mi familia habría tenido esa misma oportunidad. Pero al encerrar en mi interior todos mis secretos, culpa y vergüenza en vez de que me encerraran a mí, jamás tuve la oportunidad de remediar las cosas. Nunca tuve la oportunidad de liberarme."

Uno: admitir el agravio

Lo ideal es que el camino cuádruple comience con que quien infligió el daño admita lo que hizo. Cuando somos capaces de admitir que hicimos mal, iniciamos con pie firme el proceso de recibir perdón. Esto facilita que el afectado nos perdone. Nada garantiza que lo haga, pero si seguimos el camino cuádruple inducimos una mejor oportunidad de perdón. Aun si hay poca esperanza de que nos perdonen, podemos seguir el camino cuádruple para sanar. Quien otorga el perdón recibe un regalo. Quien pide perdón recibe a su vez el don curativo de un juicio honesto. Cuando buscamos perdón, confiamos en que nuestra humilde admisión ayude a la persona a la que perjudicamos. Confiamos en que nuestro arrepentimiento componga la relación que afectamos, de manera que somos intrépidos. Aunque desconocemos el resultado, sabemos que este viaje es nuestra única esperanza de libertad y recuperación.

Este primer paso puede ser difícil. No es fácil admitir nuestros errores. Pero tenemos que hacerlo. Como descubrió Kelly, es mucho más difícil vivir en la mentira. Guardar secretos, vergüenza, remordimiento y culpa es una carga. Con frecuencia tememos más decirle al afectado lo que hicimos que la reacción por obtener de admitir el mal que causamos. Sólo si revelamos nuestros secretos podemos esperar que nuestra vergüenza se disipe, y vivir con integridad y verdad.

NOTA

Si quieres disponer de apoyo mientras te embarcas en el proceso de admitir una mala acción, practica lo que dirás con un amigo, familiar o alguien de tu confianza.

Admitir el agravio nos permite comenzar a asumir la responsabilidad de haber lastimado a otro ser humano. Como vimos una y otra vez en la CVR, las víctimas sufren más de no saber. Si de veras queremos remediar la situación, no aumentaremos el daño inicial omitiendo una confesión honesta. Éste es el primer paso en la senda de pensar primero en los demás. Cuando experimentamos verdadero remordimiento, podemos hacer una confesión honesta, comenzando a aliviar de este modo el sufrimiento que hemos causado. Esto es así sea que hayamos quitado una vida, robado a un vecino, traicionado a nuestra pareja o cometido cualquier otro acto de crueldad o desconsideración.

¿Cómo admito el agravio?

La mejor forma de iniciar algo que parece demasiado difícil es dar el primer paso. Al admitir lo que hicimos, prescindamos de toda expectativa sobre la respuesta que obtendremos. Asumamos firmemente nuestra integridad y declaremos los hechos. "Te robé", podemos decir, o "Te mentí". Otra pieza crucial de la admisión de lo que hicimos es reconocer que eso estuvo mal, y decir que sabemos que lastimamos al otro, quizá terrible e irreparablemente.

También debemos estar dispuestos a responder todas y cada una de las preguntas de la víctima sobre lo que hicimos. Quizá ésta nos pida aclarar los hechos, fechas, horas y otros datos objetivos. O que expliquemos por qué hicimos lo que hicimos. Evitemos justificar o excusar nuestros actos. "Fui desconsiderado y egoísta" es una respuesta muy distinta a "Estaba enojado y perdí la cabeza". Esto tiene una textura y tono diferentes, y obtendrá una reacción muy diferente de la persona a la que perjudicamos. Podría ser estrictamente cierto que no estábamos en nuestro juicio, pero eso no nos exime de la responsabilidad de un acto afrentoso. No puede haber reconciliación sin responsabilidad.

¿Y si mis actos fueron justificados?

Tal vez lastimaste a alguien sin querer. ¿Te mantienes en el camino cuádruple si crees justificable lo que hiciste? ¿Continúas en él aun si no hiciste nada y el otro sigue enojado contigo por un desaire o agravio imaginario?

El Ubuntu responde que sí. El Ubuntu otorga el más alto valor a relaciones indemnes y saludables. Si alguien resulta herido, el Ubuntu nos insta a tratar de comprender el dolor de esa persona. Nos invita a ver las cosas desde la perspectiva del otro. Quizá ya hayas oído la pregunta "¿Quieres tener la razón o ser feliz?". Todos queremos ser felices, lo que a menudo significa disculparnos y apercibirnos del dolor que el otro cree que le causamos, aun si no creemos haberlo hecho. En los asuntos del corazón no hay "creo" o "no creo".

Si alguien se siente lastimado por culpa nuestra, aun si ni siquiera quisimos herirlo, debemos hacer cuanto podamos para remediarlo. Esto es tan cierto de pequeños desacuerdos como de los mayores delitos.

¿Y si la víctima no sabe?

Tú conoces tu pasado. Sólo tú conoces los secretos, culpa y vergüenza que guardas. Si no enfrentas tu pasado, te perseguirá. Si no puedes admitir tus crímenes o errores, la culpa o vergüenza reaparecerá en forma destructiva. Estas cosas son expertas en surgir inesperadamente, con frecuencia de modos que no puedes controlar.

Todos perdemos una parte de nuestra humanidad, de nuestra divinidad, cuando lastimamos a otro ser humano. Y esa pérdida es una carga muy pesada. Sea que la persona a la que perjudicaste lo sepa o no, tú lo sabes, y eso basta para que busques la forma de remediarlo, incluya esto o no contarle tu historia. Revelar una traición inadvertida puede causar a la víctima mayor daño que seguir desconociéndola. Si éste es el caso, cuenta tu historia a un consejero o confesor de tu confianza.

¿Y si temo las consecuencias?

Es comprensible que temas lo que podría ocurrir al admitir tus fechorías. Quizá haya un precio que pagar. Pero este precio será mucho menor que el costo personal de guardar silencio. El peso de la culpa puede ser tremendo, y la carga de la vergüenza insoportable.

Si hay consecuencias legales por considerar, tal vez sería conveniente que consultaras a un abogado antes de admitir tu error. Asimismo, un tercero de tu confianza podría apoyarlos tanto a tu víctima como a ti, trátese de un familiar, amigo o profesional. Lo importante es recordar que no puede haber perdón genuino, y por tanto curación genuina, sin verdad genuina. Esto es lo que nos libera a todos.

DOS: CONOCER LA ANGUSTIA Y DISCULPARSE

Es difícil admitir nuestros errores, hacer plena confesión de nuestras infracciones. También lo es conocer el daño que causamos y ofrecer una disculpa por ello. Enterarse del daño y disculparse exige humildad, la cual no es fácil de adoptar. Aun si sabemos que fuimos desconsiderados, egoístas o crueles, no es fácil admitirlo, enfrentar el dolor que causamos y decir "Lo siento". La verdad sea dicha, estas dos palabras suelen parecer las más difíciles de decir a otro ser humano. Esas dos palabritas pueden marchitarse cien veces en nuestra boca antes de que seamos capaces de pronunciarlas. Es útil practicar las palabras "Lo siento" cuando cometemos desaires menores, porque más tarde todos las necesitamos para las grandes heridas.

Cuando nos apercibimos de la angustia que causamos a otro, le ayudamos a sanar, y ayudamos a la relación a recomponerse. Las víctimas necesitan contar su historia. Necesitan expresar cómo fueron lastimadas. Y como perpetradores, nosotros debemos tener la audacia suficiente para enfrentarnos a quien herimos y abrir nuestro corazón a fin de dar cabida a su pena. Si nosotros la produjimos, estamos obligados a intentar aliviarla.

¿Cómo me entero de la angustia?

Las víctimas necesitan sentir que se les escucha y valida. La mejor manera de hacerlo es no discutir los hechos de su historia ni sus sentimientos de agravio. Si tu pareja te dice que le mentiste el miércoles y en realidad le mentiste el jueves, discutir la fecha de la ofensa no contribuirá a reconstruir la confianza. Si tu hijo te dice: "No fuiste a mi partido de futbol, y nunca estás cuando te necesito", no servirá a un propósito de curación que respondas con todos los partidos a los que has asistido como prueba irrefutable de que sí apoyas a tu hijo.

Cuando la gente sufre, no dejará de hacerlo si la interrogamos. Todos queremos que nuestro dolor sea reconocido y comprendido. Todos queremos sentirnos protegidos al expresar nuestros sentimientos de agravio en todas sus formas y texturas. Si tú discutes con la persona a la que dañaste, ella no se sentirá protegida ni entendida. Cuando alguien sufre, quiere que su dolor sea comprendido y validado. Sin esta comprensión, el proceso del perdón se estancará y ambas partes quedarán atrapadas en un circuito interminable de contar la historia y nombrar la pena. La empatía es la puerta al perdón para ti y para la persona a la que perjudicaste.

No hay palabras prescritas para enterarse de la angustia. No puedes ensayar esto de uno u otro modo. Debes estar abierto y desear realmente curar el dolor que causaste. Si tu víctima tiene preguntas, respóndelas honesta y cabalmente. Habla con el corazón. Si te pregunta cómo pudiste hacer aquello, di la verdad. No excuses ni justifiques tus acciones.

ENTERARSE DE LA ANGUSTIA

- No discutas.
- No interrogues.
- Escucha y reconoce el daño que causaste.
- No justifiques tus actos ni motivaciones.
- Responde todas las preguntas honesta y cabalmente.

Hacer frente a las consecuencias del daño que causamos es un paso muy doloroso del proceso del perdón. Como vimos en la historia de Mpho sobre el asesinato de Angela, ésta y su familia no fueron los únicos afectados por la violencia. La violencia también afectó a Mpho, sus hijas, las amigas de la escuela de mis nietas y la seguridad de todos los miembros de nuestra comunidad. El objeto de esa violencia fue Angela, pero el dolor se extendió en todas direcciones. Estamos tan interconectados unos con otros que, cuando lastimamos a alguien, el dolor suele propagarse mucho más honda y ampliamente de lo que imaginamos. Al conocer la angustia de las heridas que causamos, comienza a bajar la marea del daño. Y al continuar con una disculpa sincera, detenemos el torrente del daño futuro.

Dos palabras simples

Tras admitir nuestras malas obras y enterarnos de la angustia, debemos ofrecer una disculpa genuina. Hay algo mágico en decir "Lo siento". Cada vez que pronunciamos estas palabras, hay curación. ¿Quién no ha tenido que decirlas y quién no ha deseado escucharlas? "Lo siento" puede ser un puente entre naciones, cónyuges, amigos y enemigos. Un mundo entero puede levantarse sobre los cimientos tendidos por estas dos simples palabras: "Lo siento".

Si descuidamos este importante paso, induciremos grietas en los cimientos de nuestro perdón.

Tal vez debamos pronunciar esas palabras mágicas muchas veces antes de que sean oídas y sentidas. Quizá debamos decirlas muchas veces antes de que sean creídas. Lo importante es tener el valor, la vulnerabilidad de decirlas en serio y la humildad de repetirlas tanto como sea necesario.

¿Cómo me disculpo?

Cuando te disculpas, restauras la dignidad atropellada de la persona a la que lastimaste. Reconoces asimismo que hubo ofensa. Asumes la responsabilidad que te corresponde en la generación del daño. Cuando te disculpas con humildad y verdadero remordimiento por haber herido a otro, abres un espacio para la recuperación.

Todos hemos oído a niños murmurar "Lo siento" obligados por los regaños de sus padres, y percibido su rencor. Una disculpa hueca o insincera no puede sino aumentar el daño inicial. Una disculpa ofrecida para salir del paso o aplacar a una persona alterada no es una disculpa en absoluto. Al disculparte, debes hacerlo de corazón. Si no lo sientes, no lo digas. Sólo si reconocemos el sufrimiento del otro, y el daño que causamos, nuestras disculpas serán genuinas. Si de verdad tenemos remordimientos, nuestras disculpas serán sinceras, no renuentes. Cuando reconocemos y admitimos nuestras malas acciones, enfrentamos libre y voluntariamente el dolor que produjimos y sentimos verdadero remordimiento por nuestra conducta, nuestras disculpas nos hacen sentir que se nos quita un gran peso de encima. Aun si nuestras disculpas son restaurativas, lo que ocurre cuando el Ubuntu nos impulsa a sanar una herida que desconocíamos, deben ser genuinas para ser curativas.

¿Y si no puedo disculparme directamente con quien dañé?

La libertad y curación derivadas de decir "Lo siento" son posibles aun si la persona con la que debes disculparte ya no vive, o no puedes hablar directamente con ella. Podrías escribir entonces una carta, y esconderla o quemarla después. También podrías participar en alguna página en internet de disculpa anónima, o llamar incluso a un número telefónico de disculpas y dejar la tuya como un mensaje de voz anónimo.

Que estas vías de disculpa existan da fe del poder curativo de una disculpa. Lo ideal sería que todos pudiéramos enfrentar a nuestros acusadores, expresar nuestro remordimiento y ofrecer directamente nuestras disculpas. Pero aunque este ideal no siempre es posible, aun así podemos dar este paso del camino cuádruple.

TRES: PEDIR PERDÓN

Solemos preguntarnos si pedir perdón es un acto egoísta. ¿Pedimos quedar impunes, no pagar nuestras deudas a la sociedad o que no se nos haga responsables de nuestras acciones? Pedir perdón no es egoísta, sino en verdad la forma de responsabilidad más elevada. Al hacerlo nos comprometemos con la posibilidad del cambio. Suscribimos el arduo trabajo de la transformación. Nadie es irredimible, y despreciar a cualquiera por considerarlo indigno de perdón es despreciarnos a todos.

174

Páginas en internet de disculpa anónima

www.perfectapology.com
www.imsorry.com
www.joeapology.com

Número telefónico de disculpas
(en Estados Unidos)

(347) 201-2446

Pedimos perdón porque nadie puede vivir en el pasado. La víctima no puede vivir así. El perpetrador tampoco. Cuando pedimos perdón, solicitamos autorización para volver a empezar. Cuando pedimos perdón, pedimos dejar de ser rehenes del pasado. Cuando pedimos perdón, estamos en medio de un profundo proceso que libera a la víctima tanto como al perpetrador. No hay petición de perdón sin admisión del agravio y apercibimiento de la angustia.

Si te sigue costando trabajo pedir perdón, tal vez haya algo que debas perdonarte a ti mismo, de lo que hablaremos en el capítulo 9. Pedir perdón a tu víctima es otra manera de reconocer tu responsabilidad y deseo sincero de reparar el daño. Nada garantiza que se te perdone, ni que la relación sea restaurada. Pero al pedir perdón hacemos la parte que nos corresponde, y es sólo cuando hacemos cuanto está en nuestro poder y recorremos la senda del perdón lo mejor que podemos que nos libramos de un pasado vergonzoso. Todo pecador puede ver con ojos de santo y recuperar la humanidad que perdió a causa de una conducta hiriente.

¿Cómo pido perdón?

Pedir perdón es, así, mucho más que decir "¿Me perdonas?". Cuando pedimos perdón, expresamos nuestro remordimiento y ofrecemos una disculpa. Reconocemos el daño y explicamos por qué y en qué forma no volveremos a herir nuevamente a la víctima. Cuando buscamos perdón de manera genuina, haremos lo que sea necesario para remediar la situación; estaremos dispuestos no sólo a preguntar a la víctima si nos perdona, sino también a ofrecer la reparación que ella desee para perdonarnos. Tan simple y tan difícil como eso. Ninguna de las partes en un conflicto quiere quedar atada para siempre a los roles de víctima y perpetrador.

En la CVR no se exigió a los perpetradores expresar remordimiento para que se amnistiara. Esto indignó al principio a los comisionados, pero después entendimos lo prudente de dicha decisión. No queríamos que los perpetradores ofrecieran palabras huecas y un remordimiento falso con tal de llenar los requisitos de la amnistía. Lo que perseguíamos era la verdad, y que las víctimas fueran oídas y sus preguntas respondidas. Pero aunque no se demandó expresar remordimiento, casi todos los que se presentaron ante la comisión lo hicieron, al grado incluso de voltear hacia sus víctimas para manifestar remordimiento y arrepentimiento por sus actos, y casi todos pidieron perdón.

El otorgamiento voluntario de perdón fue para mí una lección de humildad. Las comedidas palabras de disculpa y los profundos actos de perdón salidos del diálogo honesto me impresionaron. Me es imposible escribir un guión con el que puedas expresar tu remordimiento. Escribe el tuyo de corazón y con tu conciencia, de donde mana el poder de perdonar y ser perdonado. Nadie puede poner remordimiento en el corazón de otro, lo sienta o no. Y tu víctima sabrá si tu remordimiento es genuino y lo sientes de verdad.

Cuando Easy Nofemela supo de la instalación de la CVR, no quiso declarar sobre el asesinato de Amy Biehl. Pero luego leyó en la prensa que Linda y Peter Biehl —los padres de Amy— habían dicho que no era a ellos a quienes correspondía perdonar, sino al pueblo de Sudáfrica "aprender a perdonar". Decidió entonces presentarse ante la comisión, contar su historia y expresar su remordimiento. "Lo que me motivó no fue la amnistía. Lo único que quería era pedir perdón. Decir frente a Linda y Peter, cara a cara: 'Lo siento. ¿Pueden perdonarme?'. Quería ser libre de mente y de cuerpo."

Como compartimos en el capítulo anterior, entre los Biehl y Easy se estableció una nueva relación gracias a que él estuvo dispuesto a expresar su remordimiento y pedir perdón. Una historia nueva se escribió a partir de la tragedia de la muerte de Amy, así que en su nombre y memoria han ocurrido mucho bien y mucha curación.

¿Y si no me perdonan?

No hay seguridad de que se te conceda el perdón que pides, pero de todas maneras debes pedirlo. El proceso y camino del perdón de tu víctima podría operar en un horizonte temporal diferente al tuyo. Si se te niega el perdón, no presiones a tu víctima ni reacciones más que con humildad y comprensión. Hazle saber que estás ahí para ayudarle en todo lo que sea necesario y que respetas su decisión, y demuestra después con tus acciones que ya cambiaste. Nunca es prudente, ni útil, forzar las cosas. No puedes obligar a nadie a perdonarte. A menudo, y especialmente en el caso de relaciones íntimas, lleva tiempo reconstruir la confianza. Si traicionaste a una persona allegada a ti, quizá pasen semanas, meses o hasta años antes de que ella piense en concederte perdón y renovar la relación.

Aun si no se te otorga perdón, puedes proseguir en el camino cuádruple. El hecho de que no seas perdonado como deseas no tiene por qué impedir tu crecimiento y curación. Nadie puede seguir cargando un mal del que está verdaderamente arrepentido. Si has pedido perdón con honestidad, ya has cumplido tu parte. Esto no significa que no haya reparaciones por hacer. Siempre hemos de intentar reponer lo que quitamos a alguien, sea algo tangible o intangible. Siempre hemos de buscar reparar el daño. A veces no podemos devolver lo perdido, como en el caso de la muerte de Angela, pero siempre hay reparaciones por hacer.

¿Cómo reparar el daño?

Una parte importante de pedir perdón es reparar el daño, y lo que esto implica depende en parte de lo que la víctima necesita para perdonarte. Puede ser la devolución tangible de lo que se perdió, como reembolsar dinero robado o devolver un bien sustraído. Éstas suelen ser las reparaciones más fáciles y evidentes por hacer. Si tus reparaciones son de naturaleza financiera y no puedes cumplirlas de inmediato, haz un plan de pagos regulares con tu víctima y cúmplelo. Nuestras palabras pueden expresar remordimiento y propósito de enmienda, pero suelen ser los actos los que muestran nuestras verdaderas intenciones. Si llegas a un acuerdo, cúmplelo, o de lo contrario podrías verte atravesando el camino cuádruple una y otra vez.

Las reparaciones necesarias pueden ser de naturaleza más simbólica. Por ejemplo, si hubo abuso o infidelidad, tu pareja podría necesitar que aceptes orientación psicológica. Si yo hubiera podido decirle a mi padre qué necesitaba de él para sanar nuestra relación, le habría dicho que necesitaba que nunca volviera a beber.

En general, una víctima necesita saber y recibir seguridades de que la ofensa no volverá a ocurrir. Lo que tu víctima necesita será propio de la situación entre ustedes. A menudo el solo hecho de comprender las circunstancias y razones de tus actos, así como de sentir tu remordimiento genuino, es todo lo que se necesita para conceder perdón y proceder a restaurar la relación.

El proceso de reparaciones no puede omitirse ni simularse. Si te embarcas en el camino cuádruple sin poder pedir perdón o preguntar directamente a tu víctima qué necesita para sanar, podrías hacer reparaciones indirectas, como hizo Lisa Cotter con Mandie y Carrie, las jovencitas que murieron en el accidente automovilístico del que ella fue responsable. Si robaste dinero, dona una cantidad equivalente a una obra benéfica en nombre del agraviado. O bien, envíala en forma anónima a la víctima o su familia. Si dañaste a tu comunidad, ofrécete a hacer trabajo voluntario en ella como medio de reparación. Hay incontables maneras de remediar las cosas, aun en ausencia de aquellos a quienes perjudicamos. En última instancia, participas en este proceso para recuperarte y contribuir a que sanen todos los perjudicados, incluido tú mismo. Reparar el daño también contribuye a tu curación.

Cuatro: renovar o terminar la relación

El último paso del camino cuádruple es renovar o terminar la relación. Como dijimos en el capítulo anterior, y esto es cierto ya seas víctima o perpetrador, siempre es preferible renovar y restaurar una relación. Con frecuencia nuestra relación puede fortalecerse en el proceso de admitir un agravio y pedir perdón. Cuando se nos perdona, podemos volver a empezar y aprender de nuestros errores del pasado.

Es importante advertir que renovar no es olvidar. Cuando somos perdonados, avanzamos a una nueva relación, pero no podemos dar por supuesto que la persona a la que lastimamos olvidará la herida. Lo que pedimos a la víctima no es que olvide, sino que reconozca la humanidad que compartimos con ella, y nuestra disposición a cambiar. Nosotros confiamos en que, luego de una honesta práctica del proceso cuádruple del perdón, ambas partes avancen y creen una nueva historia juntas. Esto no siempre es posible, pero invariablemente vale la pena intentarlo.

Buscamos restauración y renovación, pero si esto no es posible, hemos de terminar la relación. Sin embargo, renovar la relación no es olvidar, terminarla no es perder. A veces no podemos crear algo nuevo con los restos del pasado, pero aun así debemos avanzar a las posibilidades del futuro. Nadie puede forzar una relación. Si la persona que dañaste opta por no sostener una relación contigo, es su decisión. Con gentileza y pleno conocimiento, hiciste todo lo que pudiste por remediar el asunto. Tienes que respetar la decisión de esa persona de terminar la relación.

La liberación consecuente significa proceder a un futuro libre del pasado. Hiciste cuanto pudiste por sanar la relación. El camino cuádruple es tu escalón a una nueva vida, y al retorno a lo que realmente eres. En el capítulo siguiente exploraremos cómo recorrer el camino cuádruple para hallar la transformación que se deriva de perdonarte a ti mismo.

Pero antes hagamos una pausa y escuchemos lo que el corazón oye.

> *Lo siento.*
> *¿Cuántas veces han muerto estas palabras?*
> *Se atoraron en mi garganta,*

se derritieron en mi lengua,
se sofocaron antes de que el viento las tocara.
Lo siento.
Estas palabras se encogen en mi corazón
y pesan una tonelada.
¿Acaso es tan difícil decir "Lo siento" y ya?
Lo siento.
Lamento el dolor que causé,
las dudas que inspiré, la tristeza que sentiste,
la ira, desesperación, sufrimiento y pesar que soportaste.
Lo siento.
No hay dinero con que pueda pagar tus lágrimas,
pero puedo reparar el daño,
y lo digo en serio.
Lo siento.

RESUMEN
Necesidad de perdón

- Reúne el apoyo necesario.
- Admite el agravio.
- Entérate de la angustia y discúlpate.
- Pide perdón.
- Repara el daño o restituye lo que se imponga o necesite.
- Respeta la decisión de tu víctima de renovar o terminar la relación.

MEDITACIÓN
La caja del perdón

1. *Crea un espacio seguro.* Piensa en un espacio seguro. (Si hiciste esta meditación en el capítulo 4, recuérdala ahora. Si no, sigue leyendo.) Tu lugar seguro puede ser real o imaginario. Velo en toda su extensión y habítalo. ¿Esta bajo techo o a la intemperie? ¿Es un gran espacio descubierto o un lugar íntimo? ¿A qué huele? ¿Qué sensación deja el aire en tu piel? ¿Qué ruidos oyes? ¿Música? ¿Una hoguera chirriante? ¿Canto de aves? ¿Un arroyo rumoroso o una fuente? ¿Olas del mar? ¿El murmullo apagado de la hierba mecida por la brisa? Es un lugar incitante, en el que sentarse cómodamente. Relájate en él. Es tu lugar seguro.

2. *Alguien te llama.* Quien lo hace habla con voz cordial, grata y afectuosa. Cuando estés listo, recibe a esa persona en tu lugar seguro. Repara en que su presencia te hace sentir más seguro y protegido. ¿Quién es tu acompañante? ¿Un ser querido, un amigo o una figura espiritual? ¿Alguien que te acepta y estimula, y de tu entera confianza?

3. *Entre tu acompañante y tú está una caja abierta.* Mírala. Es tan pequeña y ligera que la puedes cargar. Fíjate en su tamaño, forma y textura. ¿Qué tiene esta caja de particular? Cuenta a tu acompañante la historia de lo que hiciste. Di la verdad del daño que causaste, lo más detalladamente que puedas. Mientras hablas, ve manar de ti tu culpa y vergüenza como un río.

Mira el río vaciarse en la caja abierta. No dejes nada sin contar.

4. *Pide perdón.* Di a tu acompañante que lamentas lo que hiciste y pide perdón. Él te sonreirá, sabiendo que estás sano y eres digno de amor por más que hayas hecho lo que hiciste. Cierra ahora la caja del perdón.

5. *Pon la caja en tus piernas.* Siéntate con ella en las rodillas. Cuando estés listo, tiéndela a tu acompañante de confianza.

6. *Cuando estés listo, abandona tu lugar seguro.* Ten por cierto que tu acompañante de confianza guardará tu caja del perdón y te recibirá al final de tu camino cuádruple.

RITUAL DE LA PIEDRA
Dejar la piedra

1. Para este ritual necesitarás una piedra pesada. Debes sentir su peso como una carga.

2. Camina con esta piedra hasta un lugar privado.

3. Admite ante ella lo que hiciste.

4. Hazle saber la angustia que causaste.

5. Discúlpate ante ella y pide perdón. Imagina a la persona a la que lastimaste, o pide perdón a Dios.

6. Decide qué puedes hacer para reparar el daño o cómo puedes ayudar a otros.

7. Deja la piedra en su entorno natural.

EJERCICIO DEL DIARIO

Las meditaciones y visualizaciones pueden ser curativas, pero también es muy útil escribir lo que hiciste como preparación para disculparte y pedir perdón.

1. *Admitir el agravio.* ¿Qué hiciste? Usa este espacio en tu diario para decir la verdad y enlistar los hechos relativos al daño que causaste.
2. *Enterarse de la angustia.* Ahora examina profundamente el daño que tus actos causaron al otro. Escribe oraciones que comiencen con "Lo siento por…". Escribe todas las que puedas.
3. *Pedir perdón.* Escribe la siguiente oración y termínala: "Comprendería si no puedes perdonarme ahora, pero espero que puedas hacerlo algún día, porque…".
4. *Renovar o terminar la relación.* Preguntarás a la persona qué puedes hacer para remediar el asunto, pero enlista aquí tus ideas sobre cómo podrías renovar la relación. ¿Qué podrías hacer para reparar el daño?

9 Perdonarte

Mi padre me dijo que quería hablar conmigo. Pero yo estaba exhausto. Íbamos camino a casa en la peregrinación que hacíamos seis veces al año. Habíamos viajado diez horas ese día para dejar a los niños en el internado en Suazilandia. El sueño llamaba. Descansaríamos unas horas antes de continuar al día siguiente con otro trayecto de quince horas hasta nuestra casa en Alice. Esto ocurrió un año después del incidente con el chico blanco de la tienda. Nos aguardaba otro viaje a través del Karoo, y siempre era extenuante.

Le dije a mi padre que estaba cansado y me dolía la cabeza. "Hablaremos mañana en la mañana", añadí. Partimos entonces a casa de la madre de Leah, a media hora de distancia. A la mañana siguiente, mi sobrina nos despertó con la noticia: mi padre acababa de fallecer.

El dolor me abatió. Quería mucho a mi padre, y aunque su mal humor me había afectado enormemente, él tenía mucho de sabio, amable e ingenioso. Luego estaba la culpa. Dada esta súbita muerte, yo no podría oír nunca lo que mi padre había querido decirme. ¿Llevaba un peso en el corazón del que quería deshacerse? ¿Había querido disculparse del abuso que infligió a mi madre cuando yo era niño? Jamás lo sabré. Me ha llevado muchos, muchos años perdonar mi insensibilidad, no haber honrado por última vez a mi padre dedicándole los pocos momentos que él quería compartir conmigo. Honestamente, la culpa punza todavía.

Cuando reflexiono al paso de los años en sus arrebatos etílicos, me doy cuenta de que yo no estaba enojado sólo con él. También estaba enojado conmigo. Atemorizado cuando niño, no había sido capaz de oponerme a mi padre y proteger a mi madre. Muchos años después, me percato de que no sólo tengo que perdonar a mi padre. También tengo que perdonarme a mí mismo.

Una y otra vez somos llamados a perdonarnos entre nosotros; esto es propio de la naturaleza de una relación. Sí, quizá sea muy difícil perdonar a los demás, pero suele ser más difícil perdonarnos a nosotros mismos. Si como demasiados dulces, ¿me reprendo por mi falta de fuerza de voluntad, o me perdono por haber cedido a las demandas de mis dientes? Si digo: "Hoy iré al gimnasio a hacer ejercicio", pero tomo una larga siesta, ¿debo castigarme o perdonarme? Si me perdono, ¿tomaré una siesta aún más larga mañana, luego de comer más dulces?

Las razones para perdonarnos a nosotros mismos son las mismas que para perdonar a los demás. Nos permite liberarnos del pasado. Sanar y crecer. Dar sentido a nuestro sufrimiento, restaurar nuestra autoestima y contar una nueva historia de lo que somos. Si perdonar a otros produce paz externa, perdonarnos a nosotros mismos produce paz interna. Ser tanto la víctima como el perpetrador en tu propia historia puede resultar sumamente difícil.

"Me pasaba algo"

La familia de Margaret Healy perdonó casi de inmediato a Kelly Connor, de diecisiete años de edad, por el accidente automovilístico en

186

que aquélla perdió la vida. Décadas más tarde, Kelly sigue batallando para perdonarse:

Sentí que no merecía ser feliz, y ni siquiera vivir. Es penoso sobrevivir de esa manera. Me sentía alejada de todos y todo. Esto se debía en gran parte a que no podía hablar del accidente, pero también a que estaba muy avergonzada. Me pasaba algo. ¿De verdad era yo ese monstruo horrible que había matado a otra persona? No era honesta respecto al accidente, y sé que esto contribuyó a mi desprecio por mí misma, mi culpa y mi vergüenza.

Toda mi vida fue definida por esa tarde. No sé quién sería yo si eso no hubiera pasado. Me ha llevado décadas aceptarme como soy. ¿Esto quiere decir que ya me perdoné? No estoy segura. Es algo con lo que aún forcejeo. Sé que no sería lo que soy si no hubiera quitado una vida, y hoy me satisface cómo soy. Es difícil conciliar ambas cosas. Cuando hablo del accidente, ayudo a otros, y esto contribuye en alto grado a perdonarme.

Hoy existen nuevas investigaciones sobre el trauma específico derivado de muertes accidentales por conductores. Estas investigaciones se deben en parte a que yo compartí públicamente mi experiencia. Saber que de esta tragedia puede salir algo bueno me permite aferrarme a algo, y me da mayor significado y propósito. Sé que la familia de Margaret me perdonó. Creo que ella misma me ha perdonado. Y casi siempre creo que yo ya me perdoné. Ha sido un largo y duro proceso, sin embargo. Si esto le hubiera sucedido a una amiga, yo le habría dicho: "Los accidentes ocurren. Perdónate. Sigue adelante". Supongo que somos más duros con nosotros mismos que con nadie más. Yo sé que lo soy. Intento ayudar a otros. Soy una buena madre.

187

Éstas son las cosas que recuerdo de mí cuando la autorrecriminación reaparece en mi mente, y me sirve mucho.

Perdonarse no es un pase libre

Cuando perdonamos a alguien, dejamos de pensar en que debe sufrir tanto como nosotros. Ya hemos demostrado que este ciclo de venganza no nos libra del dolor; sólo sirve para intensificar nuestra angustia. Cuando nos perdonamos a nosotros mismos, nos libramos de un ciclo de castigo y venganza en nuestra contra. Esto no quiere decir que no seamos responsables de nuestros actos. Si llego a tu casa y robo tus pertenencias, no puedo marcharme diciendo simplemente: "Bueno, me perdono, así que todo está bien".

Perdonarme no me libra de lo que he hecho. Aún debo recorrer el camino cuádruple y tratar de enmendar mis errores con mi víctima. Si todavía no has pasado por esta etapa, vuelve al capítulo anterior y aventúrate en el camino de buscar perdón. Si de veras queremos perdonarnos, no podemos esquivar el honesto intento de admitir nuestros errores, confrontar las consecuencias de nuestras malas obras, disculparnos, pedir perdón y reparar el daño.

Los profesores Julie Hall y Frank Fincham, de la State University of New York en Buffalo, han estudiado el perdón a uno mismo, al que llaman el "hijastro" de la investigación del perdón. En su estudio distinguen entre autoperdón verdadero y seudoautoperdón:

> Para perdonarse en verdad, uno tiene que reconocer explícita o implícitamente que su conducta fue equivocada y aceptar la responsabilidad o culpa consecuente. Sin estos elementos, el perdón a uno mismo es irrelevante, y surge la probabilidad del

seudoautoperdón. Éste ocurre cuando el infractor no reconoce sus malas acciones ni acepta su responsabilidad. En esa situación, uno podría creer haberse perdonado cuando en realidad no cree haber hecho nada malo. La comprensión del agravio y la aceptación de la responsabilidad suelen dar origen a sentimientos de culpa y contrición, los que se deben experimentar plenamente para proceder al perdón de uno mismo. Intentos de esto último sin procesar cognitiva ni emocionalmente la transgresión y sus consecuencias pueden conducir a negación, supresión o seudoautoperdón.[12]

Si de veras queremos perdonarnos, tenemos que hacer un honesto examen de conciencia y evaluar nuestros actos y sus efectos. Las personas que genuinamente buscan perdonarse son personas que quieren cambiar. No desean repetir los errores del pasado. Para querer un autoperdón genuino debes ser una persona de conciencia. Si sientes culpa, vergüenza, arrepentimiento o remordimiento por algo que hiciste, éste es tu punto de partida; puedes recorrer el camino cuádruple y buscar perdón. Si estás paralizado por la culpa, la vergüenza, el arrepentimiento o el remordimiento, puedes sanar y liberarte de la parálisis participando en un proceso de perdonarte a ti mismo.

¿Por qué habría de perdonarme, y por qué es tan difícil?

No perdonarnos puede afectar todas las áreas de nuestra vida: salud, carrera, relaciones, paternidad/maternidad y felicidad y bienestar general. Cuando somos implacables con nosotros, experimentamos los mismos nocivos efectos emocionales y físicos que cuando lo somos con los demás. Seguir culpándonos nos mantiene presos en la cárcel del pasado y limita el potencial del presente. Es fácil caer víctima de nuestros pensamientos y sentimientos de culpa y vergüenza por lo que hicimos. No te confundas; debemos asumir la responsabilidad de nuestras acciones, pero cuando nos aferramos a la historia del mal que hemos hecho —cuando hacemos depender nuestra identidad de nuestro pasado—, nos negamos el regalo de la transformación. Todos podemos aprender de los errores que hemos cometido. Pero aprender del pasado no es lo mismo que ser rehenes de lo que hicimos. En algún momento debemos olvidar el pasado y volver a empezar. Hemos dicho repetidamente que nadie es indigno de perdón, y esto te incluye a ti.

Sé que a veces es difícil ofrecernos el perdón que tan generosamente concedemos a los demás. Quizá nos atenemos a una norma más alta que la que aplicamos a otros. (Pensándolo bien, esta doble norma es una pequeña muestra de arrogancia: "Soy mejor que los demás, así que debo comportarme de mejor manera".) Tal vez creemos que no hemos pagado del todo nuestros crímenes. Quizá nuestra culpa y vergüenza nos impiden sentir que merecemos otra oportunidad. Brené Brown, destacada investigadora de la vergüenza y autora de excelentes libros sobre el tema, define la culpa como la sensación de que "hice algo malo", y la vergüenza como la de que "soy malo".

Es adecuado e inevitable sentir culpa cuando hacemos mal. Eso nos hace saber que debemos seguir el camino cuádruple para reparar el daño que causamos y renovar nuestras relaciones. La culpa nos ayuda a mantenernos en sintonía con los demás. La vergüenza también desempeña un papel evolutivo al mantenernos relacionados con el grupo. "No tiene vergüenza", decimos de quien ignora cómo sus acciones perjudican a los demás. Pero la vergüenza puede ser tóxica. Y en este caso nos desconecta de nuestra comunidad y nos hace creer que no pertenecemos a ella. Nos hace creer que no merecemos nuestras relaciones.

Nadie es malo, y nadie debe ser definido como la suma de sus peores actos. Kelly Connor no es una homicida; es una persona que cometió un acto que costó la vida de otra persona. Ninguno de nosotros es delincuente, mentiroso, traidor o monstruo. Todos somos humanos frágiles e imperfectos, capaces de mentir, robar o traicionar. Seres humanos frágiles e imperfectos capaces de dañarnos unos a otros. Cuando hacemos esto, no somos monstruos; somos humanos que se han separado de su bondad.

No nos define lo que hacemos. Se nos ha condicionado a creer que somos apreciados por lo que hacemos, no por lo que somos. Lo cierto es que nuestro valor no tiene nada que ver con nuestro desempeño, creencia que, sin embargo, nos puede dificultar perdonarnos cuando hacemos mal. Nadie es siempre tan bueno como puede. Nadie es perfecto. A veces, las fallas que debemos perdonarnos no son voluntarias. Hicimos lo más que pudimos en un momento dado. La noche en que la fatiga me alejó de mi padre, hice lo que consideré mejor. No estaba en condiciones de sostener una conversación sustanciosa. No sabía que no habría otra oportunidad de hacerlo. He terminado por aceptarlo. Todos tenemos que aceptar el pasado para poder crear un nuevo futuro. Si hubiéramos podido hacer mejor las cosas, lo habríamos hecho. Aun si hemos infligido daño en forma deliberada, todos podemos cambiar. Podemos hacer el esfuerzo de enmendar nuestros errores o reparar el daño que causamos. Nadie es perfecto, pero podemos perfeccionar el arte de aprender de nuestros errores, lo mismo que el arte de perdonarnos. Así es como crecemos y cambiamos y, en última instancia, comenzamos de nuevo.

¿Puedes mirarte al espejo?

Lisa Cotter pasó cinco años en la cárcel antes de poder mirarse al espejo. Dan y Lynn Wagner, los padres de las dos niñas que Lisa ultimó en un accidente automovilístico, la perdonaron en una carta enviada a la cárcel, pero Lisa no pudo recorrer tan rápidamente la senda del autoperdón. Explica:

> Si pudiera detener el tiempo, volvería a esa noche y no bebería y manejaría. Pero no puedo. Tengo que vivir con la culpa y la vergüenza. Cada día tengo que admitir de muchas maneras lo que hice, y hallar la forma de superar mi inagotable dolor, pues de lo contrario no podría ser la madre que debo ser. Y me siento culpable al decir esto. Por mi culpa, Lynn y Dan dejaron de ser padres, así que ¿qué derecho tengo a hablar de mis dificultades como madre?
>
> En la cárcel, lo único que me ayudó a soportar mi culpa fue tener estructura. Corría varios kilómetros diarios en la pista del patio de la prisión, y en cada kilómetro no paraba de llorar. Lloraba por las dos niñas a las que les quité la vida. Lloraba por el sufrimiento de Dan y Lynn. Lloraba por mi hijo adolescente y mis dos bebés, que no sólo perdieron a su madre, sino que además la habían visto convertirse, a ojos de nuestra comunidad, en un monstruo horrible y una asesina. Corría maratones de lágrimas y pesar.
>
> También leía libros espirituales y de trabajo de los doce pasos, uno de los cuales, sobre la curación y el acto de perdonarse a uno mismo, recomendaba mirarse al espejo y decir: "Te quiero". Cada mañana, durante mi rutina diaria, me paraba frente al pequeño lavabo de la celda que compartía con otras cinco

mujeres y decía: "Te quiero, Lisa". Una compañera me veía hacerlo todos los días, semana a semana, año atrás año, hasta que un día aplaudió y me dijo: "Por fin lo dijiste en serio". No me había dado cuenta, hasta esa mañana, de que en cinco años no pude verme a los ojos mientras decía esas palabras. "Ahora empieza el verdadero trabajo", agregó. Yo no sabía lo cierto que era eso.

Cuando salí de la cárcel y conocí a Dan y Lynn en la oficina de libertad condicional, ellos me abrazaron, y lloramos juntos. Su perdón facilitó mucho el mío. Ese día iniciamos una nueva relación, y Lynn se ha convertido en una especie de madre espiritual para mí. Está involucrada en la vida de mis hijos. Dan y ella incluso quisieron conocer a mi prometido, para confirmar que fuera una buena persona. Compartimos juntos nuestra historia e intentamos ayudar a otros. Yo trato de ser útil a mi comunidad siempre que se me pide hacerlo, y soy totalmente honesta acerca de mi pasado. Lo admito y mantengo la frente en alto cuando los demás hablan de mí o me juzgan a mis espaldas. Comprendo por qué lo hacen. Pero me es muy provechoso saber que para Dan y Lisa no soy "esa" o "una terrorista". Soy simplemente Lisa, y tengo mi historia, ellos la suya y juntos la nuestra.

Qué es perdonarse y qué no es

Perdonarse a uno mismo no es una forma de excusar lo que has hecho o disimular el daño que causaste a otros. No es olvidar tus actos. Es, de hecho, un recuerdo honesto de lo que hiciste y el modo en que lastimaste a otras personas. Perdonarse no es un subterfugio para no admitir tus errores o no reparar el daño causado. Es verdadera aceptación de uno mismo, lo que significa aceptarte como un ser humano imperfecto. Lisa aprendió a aceptarse cuando pudo mirarse al espejo y decir: "Te quiero". En ese momento de aliento, la curación y la transformación se hicieron posibles. Si el daño que causaste a otro te hace sufrir, es porque tienes una conciencia y remordimientos, sentimientos que contienen el bálsamo curativo que buscas.

El odio es veneno. Si lo diriges contra ti, perdonarte es el antídoto contra esa toxina.

¿Qué se necesita para perdonarse?

Antes que nada, perdonarse requiere verdad absoluta. Necesitamos la verdad para poder reconciliarnos con otros, y también para reconciliarnos con nosotros mismos. Si no has admitido tus malas obras y pedido perdón, hazlo ahora. Sin embargo, independientemente de que se te perdone o no, puedes perdonarte a ti mismo. El perdón ajeno no es un requisito para el propio. Puede facilitarlo, desde luego, pero quizá algunas personas nunca te perdonen. Como hemos dicho a lo largo de este libro, perdonamos por nosotros, no por otros. No podemos obligar a nadie a perdonarnos; esto es asunto suyo. Tampoco podemos forzar el autoperdón, aunque sí recorrer la senda que lo permite.

Perdonarnos requiere enfrentar la verdad de lo que sentimos. ¿Sentimos culpa? ¿Vergüenza? ¿Pesar? ¿Desesperación? Cuando identificamos los sentimientos que nos impiden perdonarnos, podemos trabajar en ellos y transformarlos. Nuestra culpa o vergüenza podría no desaparecer del todo, así que hemos de evitar complicar las cosas sintiendo culpa o vergüenza por seguir sintiendo culpa y vergüenza.

Perdonarse también requiere humildad y mucho trabajo. Requiere un deseo sincero de no repetir la conducta perniciosa y de cambiar. Si le mentí a mi pareja, para perdonarme de verdad tengo que examinar el dolor que le causé. Debo ser honesto sobre el daño que infligí a nuestra relación y decidir no volver a mentir. Cuando sabemos que hacemos todo lo posible por reparar el daño, nos permitimos perdonarnos.

Perdonarse requiere asimismo entrar en territorio desconocido. Podemos hacer depender nuestra identidad de ser "malos". Podemos reducir nuestro concepto de nosotros mismos a nuestras peores acciones. Cuando nos perdonamos, renunciamos a esa identidad. Puede ser inquietante descubrir la maravilla de lo que en realidad somos. El malestar de culparnos y castigarnos en forma perpetua podría esconder un raro consuelo. Todo cambio profundo puede ser desconcertante.

¿Cómo me perdono?

Cuando reconocemos que no perdonarnos nos hace sufrir, hemos dado el primer paso en la senda del autoperdón. Debemos proceder entonces al trabajo que esto implica. Identificar y aceptar nuestros sentimientos nos ayudará a decidir si vivir con ellos o transformarlos.

Culpa

Todos nos sentimos culpables en ocasiones. Yo me siento así si me enojo con un colega, si les grito a mis hijos o si soy descortés con un desconocido en la calle. "Culpa" es una palabra que se asocia con *hacer*; nos sentimos culpables cuando *hacemos* algo malo o lastimamos a un ser querido. Brené Brown escribe: "La culpa es buena. Nos ayuda a conservar nuestro camino, porque tiene que ver con nuestra conducta.

Ocurre cuando comparamos algo que hemos hecho —o dejado de hacer— con nuestros valores personales. La insatisfacción resultante suele motivar cambio efectivo, enmiendas y autorreflexión".[13] "Culpa" se deriva del latín *culpa*, que significa "negligencia". Si somos incapaces de perdonarnos porque nos sentimos culpables, la solución es ver a quién debemos compensar por nuestros actos. ¿Tenemos que disculparnos? ¿Devolver dinero que robamos? ¿Admitir directamente nuestras acciones con la persona que perjudicamos y conocer la angustia que causamos? Dado que los sentimientos de culpa proceden de cosas específicas que hemos hecho o dejado de hacer, sólo pueden resolverse actuando. En suma, haciendo más.

RESOLVER LA CULPA

Pregúntate qué hiciste o dejaste de hacer que te hace sentir culpable, y luego qué acciones puedes emprender para remediarlo. Si no sabes qué hacer, pide consejo a un amigo u orientador de confianza. Haz entonces lo que te propusiste, y recuerda que la solución de la culpa siempre está en *hacer*, en reparar el daño.

Vergüenza

La vergüenza es un poco más difícil de identificar que la culpa. A diferencia de ésta, es un sentimiento que se asocia con *ser*, no con hacer. Cuando me siento avergonzado no es porque haya hecho algo malo, sino porque hay algo malo en lo que soy. La vergüenza suele ser una emoción oculta y puede ser de efecto paralizante. Cuando estamos muy avergonzados, nos desconectamos de nosotros mismos y el mundo. Sentimos, en lo más vivo, que no somos dignos del perdón ajeno o del propio.

El mayor obstáculo para perdonarnos puede estar en esos sentimientos de vergüenza. Ésta nos rebaja a todos, y hace que queramos escondernos, porque no creemos ser dignos de pertenecer a nuestra comunidad o el mundo. La vergüenza no expresada puede conducir a aislamiento, depresión, abuso de sustancias tóxicas o suicidio. La vergüenza no expresada o no identificada puede impedir que nos sintamos dignos de nuestro perdón. Reducimos el poder de la vergüenza sobre nosotros cuando le damos voz. La vergüenza se oculta, la verdad no.

El proceso del autoperdón y de la reducción de la vergüenza implica entrar en contacto con un grupo de personas afines o capaces de aceptarte, y compartir con ellas tu identidad y experiencias. Tu relación con personas que también tienen dificultades para perdonarse por estar avergonzadas con lo que son e hicieron puede transformar la vergüenza. Por eso los grupos de doce pasos tienen tanto éxito en el mundo entero; permiten a la gente reunirse e identificarse en un lugar al que siente pertenecer, independientemente de lo que cada quién sea o haya hecho. Cuando compartes con otros tus experiencias, extraes nuevo significado de un pasado doloroso. Cuando Lisa Cotter se para frente a una audiencia y dice que mató a dos adolescentes, su vergüenza se reduce, porque ella encuentra un lugar al que pertenece y ayuda a otros a no cometer los mismos errores. Esto le da a su vez una nueva sensación de valor y propósito en el mundo. Sentimos vergüenza en aislamiento. Esto sólo puede curarse en comunidad y relación con otros. Como sentimos vergüenza, podemos ser compasivos con la vergüenza ajena. Y dado que sentimos compasión por otros, podemos sentirla por nosotros mismos. Esto nos permite perdonarnos.

RESOLVER LA VERGÜENZA

Comparte tus sentimientos con otros. Si eres útil y ayudas a los demás, fortalecerás tu sensación de autoestima y valor. Recuerda que la vergüenza sólo sana en compañía de otros, porque esto te enseña a compadecerte de ellos y de ti. La autocompasión facilita el perdón de uno mismo, y de su conducta pasada.

Todos queremos vivir en paz y armonía. Pero vivir en paz con otros requiere paz y armonía en nosotros. Podemos transformar nuestra culpa y vergüenza usando nuestro pasado en beneficio ajeno. Cuando ponemos nuestra historia al servicio de los demás, es más fácil que perdonemos nuestras faltas. Uno de los homicidas de Amy Biehl, Ntobeko Peni, descubrió una manera de conciliar su pasado con su futuro mediante una nueva misión y propósito:

> Sentía que había contribuido a una nueva Sudáfrica y que lo que hacía tenía una razón política. Pero al pensar en Amy [...] me di cuenta de que para poder vivir hay que encontrar paz interior. Es curioso, pero a veces quienes perdonan se sorprenden de que quienes son objeto de su perdón no pueden perdonarse a sí mismos. Este cimiento me ayudó a perdonarme.

Ntobeko Peni se ha referido a su labor en la Amy Biehl Foundation. Trabajar para la fundación que lleva el nombre de la mujer a la que le quitó la vida le ha permitido transformar su culpa y vergüenza. Le ha permitido enfrentar honestamente sus acciones pasadas y perdonarse. Fue perdonado por la familia de Amy, así como Kelly Connor lo fue por la de Margaret, y Lisa Cotter por los Wagner. Todos ellos tuvieron que poner su historia al servicio de sus comunidades para perdonarse. Al hablar de su vergüenza, fueron capaces de crear una nueva historia de sí mismos. Ya no los definen sus peores actos. Tienen acceso al inquietante potencial que llevan en ellos.

Cada uno de nosotros puede hallar la manera de transformar un pasado doloroso en un futuro optimista. Podemos desarrollar compasión por otros y por nosotros. Podemos contar una nueva historia nuestra. La nueva historia admite que "sí, he causado dolor y sufrimiento". Reconoce igualmente que "no soy el daño que causé". Perdonarse es de verdad la base de la conciliación, y no podemos estar en paz con otros si no lo estamos con nosotros. En el capítulo siguiente veremos cómo podemos crear un mundo de paz generando un mundo de perdón.

Pero antes hagamos una pausa y escuchemos lo que el corazón oye.

Soy generoso contigo
y mezquino conmigo.
Puedo desterrar el dolor que me causaste
hasta de los más ocultos rincones de mi corazón.
Eso no tiene raíz ni residencia en mí.
Pero mis propios actos
me llenan de vergüenza y de dolor.
No puedo recuperarme.
No me puedo perdonar.
Si mi corazón es bondadoso contigo,
también debería serlo conmigo.
Dulce y complaciente.
Amable y comprensivo.

Debo permitirme ver de frente
mi propia humanidad.
Puedo liberarme.

RESUMEN
Perdonarte

- Somos presos del pasado cuando no perdonamos nuestros errores.
- Si no has buscado el perdón de tu víctima, hazlo. Te será más fácil perdonarte entonces.
- No sanamos en aislamiento. Unirnos a otros nos permite desarrollar compasión por ellos y por nosotros.

MEDITACIÓN
Respirar compasión

1. Para esta meditación deberás estar tranquilo y centrado.
2. Busca un lugar sereno o acuéstate cómodamente.
3. Sigue tu respiración.
4. Mientras inhalas, siente que el amor y la compasión te invaden como una luz dorada.
5. Con cada inhalación, ve la luz dorada llenarte de pies a cabeza.
6. Una vez repleto, irradiarás sin esfuerzo ese amor y compasión.

RITUAL DE LA PIEDRA
La mano de la misericordia

1. Busca una piedra que quepa en la palma de tu mano.
2. Sostenla en tu mano izquierda. Ésta es la mano del juicio.
3. Por cada punto en tu lista de cosas por perdonarte, pasa la piedra de la mano izquierda a la derecha.
4. La mano derecha es la de la misericordia y el perdón.
5. Sostén la piedra en tu mano derecha, di las palabras "Me perdono por…" y completa con un punto de tu lista.
6. Al terminar, vuelve a poner la piedra donde la encontraste.

EJERCICIO DEL DIARIO

1. Haz una lista de cosas por perdonarte.
2. En relación con cada punto, decide si el perdón que necesitas es de otro o de ti. Si es de otro, sigue el camino cuádruple. Si es de ti, es momento de que redescubras tu bondad.
3. Escribe una lista de todo lo bueno en ti. Contémplate a través de los ojos de un acompañante afectuoso y que te admire.

10 Un mundo de perdón

Me derrumbé. Yo era presidente de la Conferencia de Iglesias Panafricanas y hacía una visita pastoral a Ruanda en 1995, justo un año después del genocidio. Fui a Ntamara, ciudad en cuya iglesia cientos de tutsis se habían refugiado. Pero el movimiento Poder Hutu no respetó templo alguno. En el suelo estaban esparcidos los restos del horror. Prendas de vestir y maletas aún se hallaban desparramadas entre los huesos. Pequeños cráneos de niños seguían hechos trizas en el piso. Cráneos fuera de la iglesia aún exhibían machetes y cuchillos enterrados. El hedor era indescriptible. Intenté rezar, pero no pude. Lo único que podía hacer era llorar.

Ruanda, como el Holocausto y otros genocidios previos, es un testimonio de nuestra capacidad para el más inconcebible de los males, pese a lo cual nuestra capacidad de perdonar y sanar se levanta como una reconvención de que no estamos hechos para el mal, sino para el bien. Esos espasmos de crueldad y violencia, odio y severidad extrema, son la excepción, no la regla de nuestra vida humana. En efecto, los tradicionales tribunales comunitarios de los gacaca que se establecieron en Ruanda son un ejemplo extraordinario de la capacidad de una nación antes convulsionada por la violencia genocida para curarse mediante la reconciliación y el perdón. Más de doce mil tribunales de base comunitaria juzgaron más de 1.2 millones de casos en todo el país. La justicia que buscaban fue a menudo más restaurativa que punitiva. Quienes planearon e incitaron el genocidio fueron castigados, pero a quienes se vieron arrasados por el conflicto interno se les impusieron sentencias leves, sobre todo si los perpetradores se habían arrepentido y buscaban reconciliarse con la comunidad. La meta fue reconstruir las comunidades y el país, curar y prevenir más venganza y violencia. Éste es un ejemplo de cómo el perdón puede contribuir a la recuperación de un país entero.

El perdón está en la base de la conciliación. Yo he visto esto en mi país, en Ruanda, en Irlanda del Norte y en el corazón de muchas personas que han emprendido el largo y difícil camino de buscar la paz que procede del perdón.

Cuidarnos unos a otros

Todos debemos medir nuestras palabras. Las palabras hirientes pueden no olvidarse, pero sí perdonarse. Aún recuerdo las palabras del chico en la tienda en el Karoo, pero ya lo perdoné. Todos debemos hacer el esfuerzo de ser cuidadosos con nuestras acciones. Cuando agredimos la humanidad de otro, agredimos la nuestra. Todos queremos ser reconocidos y validados por lo que somos, seres humanos de valor infinito, con un lugar en el mundo. No podemos atropellar la dignidad de otro sin herir la nuestra. La violencia, sea de palabra o de acto, no hace sino generar más violencia. Nunca puede engendrar paz. Aun así, yo rezaré siempre por quien sostiene el arma, o para que halle compasión y reconozca la humanidad que comparte con quien está en la mira de aquella arma. Henry Wadsworth Longfellow dijo: "Si pudiéramos leer la historia secreta de nuestros enemigos, en la vida de cada hombre encontraríamos suficiente pesar y sufrimiento para desarmar toda hostilidad".

Cuando odiamos a otros, llevamos ese odio en nuestro corazón, donde ciertamente nos daña más que a ellos. Fuimos creados para la hermandad. Fuimos creados para formar la familia humana, para existir juntos, porque fuimos hechos unos para otros. No se nos hizo para la exclusividad o la autosuficiencia, sino para la interdependencia. Infringimos esta ley esencial de nuestro ser bajo nuestra cuenta y riesgo. Cuidamos nuestro mundo cuidando unos de otros, tan simple y tan difícil como eso.

Cultivar el perdón

La mejor manera de cuidarnos unos a otros es cultivar el perdón. Como cualquier otra cualidad —compasión, bondad o generosidad—, el perdón debe fomentarse y desarrollarse. La capacidad para perdonar es innata, pero, como todo talento natural, se perfecciona con la práctica. La práctica del perdón es una labor emocional y espiritual. Cuando Nelson Mandela fue encarcelado, era un hombre iracundo. Este dechado global de perdón no era muy indulgente cuando llegó a Robben Island para cumplir su sentencia de cárcel. Pasó muchos años en prisión, durante los que se dedicó a cultivar una práctica diaria de perdón, hasta convertirse en el luminoso ejemplo de tolerancia que fue capaz de poner a nuestro maltrecho país en el camino de la reconciliación y la recuperación. El hombre que llegó a prisión no fue el mismo que invitó a su guardián a su toma de posesión. Esto implicó tiempo y esfuerzo.

Cada uno de nosotros tiene múltiples oportunidades diarias de practicar pequeños actos de perdón. Podemos aprender a seguir el ciclo del perdón con firmeza emocional nacida de la práctica. Yo puedo perdonar a la conductora que se me cerró en el tráfico esta mañana. Reconozco la chispa de la irritación y el temor incitado en mí, aunque admito que no conozco su historia. Quizá iba retrasada para llegar a su trabajo, donde la esperaba un jefe tiránico. Tal vez iba distraída por su bebé, que lloraba en el asiento trasero. Quizá su lista de pendientes era más larga que su brazo. Para cultivar el perdón debo aprender a examinar el panorama general, y saber que no todo acto que me molesta es una agresión personal. Puedo practicar el perdón con mis amigos y mi familia, y puedo practicarlo en mi lugar de trabajo y mi comunidad.

Cuando desarrollo una mentalidad de perdón antes que de agravio, no sólo perdono un acto particular; me vuelvo una persona más comprensiva. Con una mentalidad de agravio, miro el mundo y veo todo lo que está mal. Cuando tengo una mentalidad de perdón, empiezo a ver el mundo no a través del agravio, sino de la gratitud. En otras palabras, miro el mundo y veo lo que está bien. Una magia especial ocurre cuando me convierto en una persona más comprensiva. Lo que antes era una grave afrenta se reduce a apenas un acto desconsiderado o indiferente. Lo que antes era motivo de ruptura y enemistad se convierte en una oportunidad de reparación y mayor intimidad. Una vida que parecía repleta de obstáculos y antagonismo parece de repente llena de amor y oportunidades.

Cuando cultivo el perdón en mis pequeños encuentros diarios, me preparo para el momento en que me sea requerido un acto de perdón mucho mayor, como casi sin duda ocurrirá. Todo indica que nadie pasa por la vida sin sufrir los efectos de la tragedia, la decepción, la traición o la congoja, pero cada quien tiene a su disposición una habilidad muy poderosa, capaz de reducir el dolor, y aun de transmutarlo. Si se le da la oportunidad de hacerlo, esta habilidad puede conquistar a un enemigo, sanar un matrimonio, detener una pelea y —en un caso global— poner incluso fin a una guerra. Cuando te propones cambiar el mundo, la tarea parece insuperable. Pero cada quien puede hacer su pequeña parte del cambio. Cambiamos al mundo cuando decidimos crear un mundo de perdón en nuestro corazón y nuestra mente. Está en nuestra naturaleza perdonar, conciliar, reunir las piezas rotas de nuestras relaciones. Cada mano que se extiende en un gesto de perdón es una mano que trabaja por la paz en el mundo.

Transformar el sufrimiento

Aun si perdonamos por entero, nuestra aflicción podría no terminar, nuestra pérdida podría seguir siendo inaceptable y la herida podría persistir. Pero una y otra vez hallamos asombrosos casos de personas que han descubierto la forma de dar sentido a su sufrimiento y transformarlo. Elizabeth Kübler-Ross resume bellamente esto cuando dice: "Las personas más hermosas que conozco son las que han conocido la derrota, el sufrimiento, la lucha y la pérdida, y encontrado la forma de salir del abismo. Estas personas tienen una apreciación, una sensibilidad y una comprensión de la vida que las llena de compasión, gentileza y afecto. Las personas hermosas no salen de la nada".[14]

Algunas de las personas cuyas historias he compartido en este libro son ejemplo de las que han obtenido una capacidad inmensa para seguir el camino cuádruple del perdón, transformar sus pérdidas y trasmutar su dolor.

Kia Scherr dio sentido a su pérdida. Tras la muerte de su esposo y su hija en un ataque terrorista en Mumbai, estableció una organización con un hondo mensaje de paz:

Si, de cara al terrorismo, seguimos amando, quitamos poder al terrorista, y él dejará de aterrorizar. Imagina lo que sería multiplicar esto un millón de miles de millones de veces en el mundo entero, lo que, con el tiempo, nos permitiría acabar con el terrorismo. Onelifealliance.org se sirve del poder de la unión para congregar a personas de todas las edades, países, orígenes, nacionalidades y religiones en torno al respeto a la dignidad e inviolabilidad de la vida, y para crear un mundo de armonioso equilibrio y cooperación. Hoy es momento de combatir el terrorismo en todas sus formas, decidiendo vivir en paz, compasión y amor. Éste es mi trabajo tras la muerte de Alan y Naomi. Éste es mi propósito.

Bassam Aramin, cofundador de Combatientes por la Paz, se ha valido de su propia historia de reconocimiento de la humanidad de sus enemigos para crear una organización dedicada al diálogo, la reconciliación y la no violencia. Esta organización está dirigida por exsoldados israelíes y excombatientes palestinos que dicen: "Después de tantos años de empuñar armas, y habiéndonos visto unos a otros sólo a través de la mira de las armas, hemos decidido dejarlas y luchar por la paz".[15]

Todas las historias compartidas en este libro son magníficos ejemplos de cómo seguir el camino cuádruple. No es necesario que establezcas una fundación o viajes a países lejanos. La transformación comienza en ti mismo, dondequiera que estés, sea lo que te haya pasado, comoquiera que sufras. La transformación siempre es posible. No sanamos en aislamiento. Cuando tendemos nuestra mano a los demás —cuando contamos la historia, nombramos la pena, concedemos perdón y renovamos o terminamos la relación—, nuestro sufrimiento empieza a transformarse. No tenemos por qué cargar solos nuestro dolor. No tenemos por qué atarnos para siempre a nuestras pérdidas. Nuestra libertad se forja en el fuego del perdón, lo que hará de nosotros personas más evolucionadas en lo espiritual. Cuando nuestras pérdidas son grandes, la hondura de nuestra compasión por otros puede aumentar exponencialmente, lo mismo que nuestra capacidad de valernos de nuestro sufrimiento para transformar el de los demás. Es cierto que cuando lastimamos a otros, nos lastimamos a nosotros mismos, pero también que cuando ayudamos a otros, nos ayudamos a nosotros.

Cómo crear un mundo de perdón

Crear un mundo de perdón no requiere pasar la vida contemplando los valores y virtudes del perdón. Crear un mundo de perdón es una práctica viva. Tú puedes crear hoy un mundo de perdón en tu hogar. Perdona a tu hijo por llegar tarde a casa o por gritarte una vez más. Perdona a tu pareja por las palabras hirientes que te dijo. Perdona a tu vecino por no dejarte dormir con una fiesta ruidosa cuando mañana tienes que trabajar temprano. Perdona al desconocido que robó tu casa. Perdona al novio que te abandona. Debes saber que todos tenemos defectos y pugnamos simplemente por hallar nuestro lugar bajo el sol, un lugar donde podamos ser reconocidos y validados por lo que somos.

Cultiva el perdón con tus amigos, con tu familia, con desconocidos y contigo mismo. Recuerda que cada persona con que te topas lleva una pena y una lucha. Reconoce que todos compartimos una humanidad esencial. Sirve de modelo a tus hijos en el recorrido del camino cuádruple. Enséñales la curación que procede de dejar de pensar en la venganza, olvidar rencillas y reconciliar relaciones rotas o dañadas. Si lastimas a alguien, enséñales a tus hijos cómo admitir el agravio, pedir perdón y reparar el daño.

Enseñemos a nuestros hijos el proceso del perdón. Alejémoslos del ciclo de la venganza y recompensémoslos cuando sigan el ciclo del perdón.

Restaurar nuestro mundo

Nacional y globalmente, tenemos un dilema: justicia restaurativa o retributiva.

Hay quienes creen que una injusticia sólo puede repararse haciendo pagar a alguien el daño que causó. Dicen: "Te perdonaré siempre y cuando recibas una paliza por lo que hiciste y se te haga pagar caro el daño que me causaste". Éste no es el medio para crear un mundo de perdón, ni el de la verdadera justicia.

Este sistema de ojo por ojo es la base de la justicia retributiva. En muchos países, y especialmente en Occidente, el sistema de justicia penal controla el crimen y el castigo. Los delincuentes son responsables únicamente ante el Estado. Las personas declaradas culpables reciben su justo castigo, decidido por el Estado y acorde con las leyes implantadas por él. Cuando una ley se infringe, constituye un delito contra el Estado. El delito es entendido como un acto individual con consecuencias para el delincuente individual. El castigo se impone, y el delincuente es definido por su culpa. En este sistema de justicia, se cree que el castigo disuade el delito y cambia la conducta futura. Lamentablemente, cárceles sobrepobladas y altos índices de reincidencia cuentan una historia distinta.

La justicia restaurativa, por otro lado, se basa en la premisa de que un delito no es un acto contra el Estado, sino contra otra persona y la comunidad. En este modelo de justicia, la responsabilidad se funda en que el infractor la asuma tanto respecto al daño que causó como para repararlo. Las víctimas no ocupan la periferia de este proceso de justicia. En el modelo de justicia restaurativa, las víctimas desempeñan un papel integral en la decisión de qué se necesita para reparar el daño que se les hizo. La atención está puesta en el diálogo, la resolución de problemas, la reconciliación de relaciones, la reparación del daño y el remiendo de la tela comunitaria. La justicia restaurativa busca reconocer la humanidad en cada uno de nosotros, seamos víctimas o perpetradores. Pugna asimismo por llevar curación real y verdadera justicia a individuos y comunidades.

El perdón no suele desempeñar ningún papel en la justicia retributiva, pero es central en la restaurativa. En este contexto, el perdón dice: "Te daré una segunda oportunidad. Espero que la uses para mejorar. Si yo no estuviera presente en el patrón de daño que has creado, el ciclo de la venganza podría continuar hasta el infinito". Sin perdón para romper el ciclo del agravio y la venganza, sentaríamos las bases de enemistades familiares que duran generaciones enteras. Sin perdón, crearíamos patrones de violencia y perjuicio que se repetirían durante décadas, y aun siglos, en barrios y ciudades, y entre países.

Todo importa

Si te tiendes frente a mí abatido y sangrante, no puedo pedirte que perdones. No puedo decirte nada, ya que eres el abatido. Si has perdido a un ser querido, no te puedo decir que perdones. Eres quien perdió a un ser querido. Si tu pareja te traicionó, si de niño abusaron de ti, si has soportado alguno entre los miles de agravios que los seres humanos podemos infligirnos unos a otros, no puedo decirte qué hacer. Pero puedo decirte que todo importa. Sea que amemos u odiemos, ayudemos o perjudiquemos, todo importa. Puedo decirte, si soy el abatido y sangrante, que espero poder perdonar y pedir por mi agresor. Espero poder reconocerlo como mi hermano, y como un hijo precioso de Dios. Espero no renunciar nunca a la realidad de que todos podemos cambiar.

No podemos crear un mundo sin dolor, pérdida, conflicto o sensación de agravio, pero podemos crear un mundo de perdón. Podemos crear un mundo de perdón que nos permita sanar de esas pérdidas y ese dolor y recomponer nuestras relaciones. *El libro del perdón* comparte el camino para hallar el perdón, pero en definitiva nadie puede decirte que perdones. Te podemos pedir que lo hagas. Te podemos invitar al viaje. Podemos enseñarte lo que les ha dado resultado a otros. Decirte que la curación que hemos visto en quienes han seguido el camino cuádruple es transformadora, y una lección de humildad.

Todos debemos andar nuestros propios caminos, a nuestro ritmo. Todos escribimos a diario nuestro propio libro del perdón. ¿Qué contendrá el tuyo? ¿Una historia de esperanza y redención, o de desdicha y resentimiento? Al final, el perdón que buscas, sea de otro o de ti mismo, no estará jamás en un libro. Lo llevas en tu corazón. Está descrito por tu humanidad. Sólo necesitas mirar dentro de ti para descubrirlo: descubrir que puede cambiar tu vida y nuestro mundo.

Escuchemos lo que el corazón oye:

He aquí mi libro del perdón.
Sus páginas están muy gastadas.
Contiene los pasajes que más me costaron,
y aquellos por los que pasé con facilidad.
He aquí mi libro del perdón.
Algunas de sus páginas están rotas y manchadas de lágrimas,
otras están decoradas de júbilo y risas.
Algunas fueron escritas con esperanza
y otras grabadas con desesperación.

He aquí mi libro del perdón.
Está lleno de historias y secretos,
cuenta cómo me libré de ser definido por la herida
y decidí ser creador otra vez,
ofreciendo perdón,
aceptando que he sido perdonado,
creando un mundo de paz.

Recursos

Para más información sobre los autores y su obra, visita The Desmond and Leah Tutu Legacy Foundation (www.tutu.org.za).

Para más fuentes sobre el perdón, como entrevistas con los autores y un curso de perdón con Mpho Tutu, visita:

www.humanjourney.com/forgiveness

Agradecimientos

Habría sido imposible escribir un libro sobre un tema tan amplio, íntimo y profundo como el perdón sin la ayuda de muchas personas.

Un grupo global de expertos nos proporcionó conocimientos obtenidos con mucho esfuerzo, nacidos de su precursora labor de estudios y enseñanzas sobre el perdón. Gracias a todos los que contribuyeron a la creación de este libro, entre ellos:

Fred Luskin, por ser tan generoso con su tiempo y por sus profundos discernimientos. Donna Hicks, por sus incesantes esfuerzos en enseñar a la gente qué significa honrar la dignidad de otros. Gordon Wheeler, uno de los principales expertos mundiales en vergüenza, por sus aportaciones al capítulo sobre el autoperdón. Marina Cantacuzino, fundadora de The Forgiveness Project, por reunir y compartir historias de perdón del mundo entero. El doctor Jim Dincalci, quien ha dedicado más de veinticinco años a asesorar e instruir a personas con dificultades para perdonar. Berné Brown, por su valiente investigación en la médula de la vulnerabilidad y la vergüenza. Shawne Duperon, por su apasionado trabajo en la formación de Project Forgive y su creatividad en el uso de los medios de comunicación para extender el poder del perdón a todo el mundo. El padre Michael Lapsley, por ser un

217

bello ejemplo de perdón y por crear a partir de su propio sufrimiento un ministerio de curación. Gracias también a la 'Templeton Foundation por sus generosas becas a quienes estudian la naturaleza y ciencia del perdón.

Hace falta un tipo especial de valor y honestidad para compartir públicamente la aflicción, pérdida y sufrimiento personal. Nuestra más profunda gratitud a Lynn Wagner, Dan Wagner, Lisa Cotter, Ben Bosinger, Kia Scherr, Kelly Connor, Bassam Aramin, Easy Nofemela, Ntobeko Peni y Linda Biehl. Sus historias de perdón ayudarán a infinidad de personas a seguir su ejemplo y trasmutar su dolor en amor y redención.

Gracias a nuestro extraordinario equipo editorial de HarperOne —Mark Tauber, Michael Maudlin, Claudia Boutote, Suzanne Wickham, Suzanne Quist, Julie Baker, Michele Wetherbee—; fue un placer y un privilegio trabajar con ustedes. Sabemos que este libro fue una búsqueda personal para muchos de ustedes, y agradecemos su apoyo y confianza en este proyecto. Lynn Franklin, nuestra extraordinaria agente, es lo que todos esperarían del suyo, una aliada en el complejo mundo de los libros. Lynn ha sido una orientadora experta y apreciable amiga, y se ha convertido ya en integrante de nuestra familia.

Hay otras dos personas sin las que este libro no habría sido posible. Lara Love fue nuestra investigadora, compañera literaria y sustentadora a lo largo de muchos borradores. Atinadamente llamada "genio", tiene un corazón de oro. Es en verdad muy, muy talentosa. Reconocemos a Doug Abrams por haber mantenido la visión de este libro durante muchos años de gestación. Es un editor notable, y nuestro talentoso colaborador literario. Pero más que eso, es un amigo. El camino cuádruple se inicia contando la historia, y gracias a su escucha compasiva Doug ayudó a Mpho a realizar un viaje curativo tras la muerte de Angela.

Por último, gracias a las personas con las que intercambiamos diarias lecciones de perdón, que comparten nuestro hogar y nos llenan de amor: Leah, Nyaniso, Onalenna y Keke. Gracias por todo lo que son y todo lo que dan.

Notas

1 http://www.forgiving.org/campaign/research.asp

2 Frederic Luskin, *Forgive for Good: A Proven Prescription for Health and Happiness*, Nueva York, HarperCollins, 2002.

3 Everett L. Worthington, Charlotte Van Oyen Witvliet, Pietro Pietrini y Andrea J. Miller, "Forgiveness, Health, and Well-Being: A Review of Evidence for Emotional Versus Decisional Forgiveness, Dispositional Forgivingness, and Reduced Unforgiveness", en *Journal of Behavioral Medicine*, vol. 30, núm. 4, agosto de 2007, pp. 291-302.

4 Lisa F. Berkman y Lester Breslow, *Health and Ways of Living: The Alameda County Study*, Nueva York, Oxford University Press, 1983.

5 Greg Miller, "Why Loneliness Is Hazardous to Your Health", *Science*, vol. 331, núm. 6014, 14 de enero de 2011, pp. 138-140.

6 http://theforgivenessproject.com/stories/bassam-aramin-palestine/

7 Doctor Daniel J. Siegel, *Mindsight: The New Science of Personal Transformation*, Nueva York, Random House, 2010, pp. 59-63.

8 Bruce Feiler, "The Stories That Bind Us", en NYTimes.com, 15 de marzo de 2013, http://www.nytimes.com/2013/03/17/fashion/the-family-stories-that-bind-us-this-life.html?pagewanted=all&_r=2&

9 Michael Lapsley con Stephen Karakashian, *Redeeming the Past: My Journey from Freedom Fighter to Healer*, Ossining, Orbis Books, 2012, p. 162.

[10] Kia Scherr es cofundadora y presidenta de One Life Alliance (onelifealliance. org), iniciativa mundial de paz que lleva herramientas de paz a la educación, empresas y gobiernos.

[11] Bryan Sykes, *The Seven Daughters of Eve: The Science That Reveals Our Genetic Ancestry*, Nueva York, W. W. Norton & Company, 2002; http://en.wikipedia.org/wiki/Mitochondrial_Eve#Further_reading

[12] Julie H. Hall y Frank D. Fincham, "Self-Forgiveness: The Stepchild of Forgiveness Research", *Journal of Social and Clinical Psychology*, vol. 24, núm. 5, 2005, pp. 621-637.

[13] Brené Brown, "Four (Totally Surprising) Life Lessons We All Need to Learn", en Oprah.com, http://www.oprah.com/spirit/Life-Lessons-We-All-Need-to-Learn-Brene-Brown/2

[14] Elizabeth Kübler-Ross, *Death: The Final Stage of Growth*, Nueva York, Simon and Schuster, 1986, p. 96.

[15] Combatants for Peace, http://cfpeace.org/?page_id=2

Esta obra se imprimió y encuadernó
en el mes de abril de 2024,
en los talleres de Impregráfica Digital, S.A. de C.V.,
Av. Coyoacán 100–D, Col. Del Valle Norte,
C.P. 03103, Benito Juárez, Ciudad de México.